ANDREAS TRAUB

IGOR STRAWINSKY
L'HISTOIRE DU SOLDAT

WILHELM FINK VERLAG MÜNCHEN

MEISTERWERKE DER MUSIK

WERKMONOGRAPHIEN ZUR MUSIKGESCHICHTE

Begründet von ERNST LUDWIG WAELTNER †

Herausgegeben von Stefan Kunze

Unter Mitarbeit von Gabriele Meyer

Heft 22

ISBN 3-7705-1738-5

Satz und Notengrafik: Bibliomania GmbH, Frankfurt am Main
Druck: Hain Druck KG, Meisenheim/Glan
Buchbindearbeiten: Graph. Betrieb Schöningh, Paderborn

In den Jahren 1914–1920 lebte Igor Strawinsky in der Schweiz am Genfer See. Er lernte dort den Dirigenten Ernest Ansermet[1] und durch ihn den Dichter Charles Ferdinand Ramuz[2] kennen. Aus ihrer Freundschaft und Zusammenarbeit entstand „Die Geschichte vom Soldaten" in der Zeit zwischen dem Herbst 1917 und Herbst 1918. Die Uraufführung des Stückes fand am 29. September 1918 in Lausanne statt.

„Die Monate gegen Ende des Jahres 1917 gehören zu den schwersten, die ich durchgemacht habe." schrieb Strawinsky im Jahre 1936 [Leben und Werk, S. 73]. Die Auswirkungen des Weltkrieges wurden auch in der Schweiz in zunehmendem Maße spürbar, und nach der russischen Revolution brach Strawinsky die Verbindungen zu seiner Heimat ab. Seitdem lebte er im Exil. In dieser Situation faßten die drei Freunde den Plan, ein Spiel mit Musik zu verfertigen, das sie selber, unabhängig von den öffentlichen Theatern, darbieten könnten. Auf einer Wanderbühne sollte das Stück in den verschiedenen Städten und Dörfern der Schweiz einem einfachen Publikum vorgeführt werden.

Strawinsky, Ramuz und Ansermet berichten ausführlich über die Umstände und Absichten, aus denen die gemeinsame Arbeit hervorging (siehe Texte und Dokumente). Das Gebot der Einfachheit liegt ihrem Konzept zugrunde. Die drei Hauptelemente eines solchen Spiels – Erzählung, Darstellung und Musik – sollen nicht ineinander verwoben, sondern voneinander getrennt werden. Dies wird durch die Disposition der Bühne verdeutlicht: Auf der einen Seite sitzt der Erzähler, auf der anderen die Musiker, und in der Mitte befindet sich, etwas erhöht, die eigentliche Spielbühne. Vor ihr hängt ein Vorhang, der sich an bestimmten Stellen des Stückes hebt und den Blick auf ein lebendes Bild oder eine gespielte Szene freigibt. Jedes Element hat seine klar begrenzte Funktion: Die Geschichte wird erzählt, einzelne Episoden werden dargestellt, und die Musik verdeutlicht in plakativer Form gewisse Situationen (Marsch, Tanz, Choral). Die Vorstellung des Bilderbogens, die der Wanderbühne und der Hinwendung zum einfachen Volk entspricht, bestimmt die „Geschichte vom Soldaten".

Das Konzept von Strawinsky und Ramuz entsprang aber nicht allein der äußeren Situation der Künstler. Es gehört in den Rahmen einer um die Jahrhundertwende aufbrechenden und sich bis in die zwanziger Jahre auswirkenden umfassenden künstlerischen und kulturellen Bewegung, die sich gegen den auratischen Kunstbegriff des 19. Jahrhunderts richtete. Der für Strawinsky wesentliche Strang dieser künstlerischen Neuorientierung entzündete sich am Werk Richard Wagners, dem Inbegriff des romantischen Kunstwerkes. Das Gesamtkunstwerk, das seine Zuhörer in den Bann einer höchst artifiziell hergestellten, ästhetisch-entrückten Welt zieht und in den Formen und Konsequenzen seiner Rezeption tendenziell das ganze Leben der Zuhörer zu bestimmen und sie so in eine Gemeinde zu verwandeln trachtet, forderte zum Protest im Namen der Klarheit und Einfachheit heraus. Er wurde zuerst von Friedrich Nietzsche artikuliert und dann in Frankreich von Jean Cocteau[3] aufgegriffen, der ausdrücklich auf Nietzsches entscheidende Schrift „Der Fall Wagner" hinweist. In „Le Coq et l'Arlequin" formuliert Cocteau: „Ein Dichter hat immer zu viele Worte in seinem Sprachschatz, ein Maler zu viele Farben auf seiner Palette, ein Musiker zu viele Noten in seinem Klavier." Mit seiner Forderung nach klarer Zeichnung (dessin) und überschaubarer Architektur in der Musik wie in der Malerei stellte er das Programm des Neoklassizismus auf. Die „Ästhetik des Minimums", die er proklamierte, erschöpfte sich aber nicht in einer simplen Rückwendung zur verlorenen Einfalt. „Die Einfachheit (simplicité), die in der Reaktion auf Raffinement entsteht, basiert auf diesem Raffinement", schrieb er; sie ist nicht primäre Einfachheit, sondern entsteht nur durch die ästhetische Aufhebung des Raffinements. Gegen Wagner und auch gegen Debussy stellte Cocteau Erik Satie[4] als den Komponisten hin, der das Ideal des Neoklassizismus in seiner Musik verwirklicht habe. „Satie war uns eine Art Heiliger in der Musik", schrieb er in einem Brief an Maritain.

Als Strawinsky 1909 als Komponist des Russischen Balletts von Diaghilew nach Paris kam, traf er dort auch mit Satie zusammen. „Er war bestimmt eine der seltsamsten Personen, die ich je gekannt habe, aber ebenso auch eine der seltensten und geistreichsten. Ich hatte eine große Vorliebe für ihn, und ich glaube, auch er schätzte meine Freundschaft und mochte mich gut leiden", erinnert sich Strawinsky später [Gespräche, S.90]. Der Einfluß Saties auf Strawinsky ist nicht gering zu veranschlagen und kann gerade in der „Geschichte vom Soldaten" an einigen Stellen gezeigt werden.

Strawinsky übernahm jedoch nicht einfach das kunsttheoretische Konzept des Neoklassizismus. Er näherte sich vielmehr aus seiner eigenen künstlerischen Entwicklung heraus einem Kompositionsstil, der den Forderungen des Neoklassizismus entsprach. Nach dem Frühwerk, das in den drei großen Balletten „Feuervogel" (1910), „Petruschka" (1911) und „Sacre du Printemps" (1913) gipfelt, wandte sich Strawinsky der Musik für wenige, differenziert zusammengestellte Instrumente zu. Es entstehen die „Drei japanischen Gedichte" (1913), die „Drei Stücke für Streichquartett" (1914), „Pribaoutki" (1914) und die „Katzenwiegenlieder" (1915/16). Eindrücke, die Strawinsky zu einer solchen Reduzierung und Differenzierung der Mittel veranlaßten, waren die Bekanntschaft mit japanischer Lyrik und das Erlebnis von Schönbergs „Pierrot lunaire" (op 21, 1912), den Strawinsky im Jahre 1912 in Berlin hörte. Er schreibt: „Im Sommer (1913) hatte ich eine kleine Auswahl japanischer Lyrik gelesen, in der sich auch Gedichte alter Meister befanden, die aus wenigen Zeilen bestanden. Mir fiel auf, daß sie in gleicher Weise auf mich wirkten wie die Kunst des japanischen Holzschnitts. Die Art nun, wie in der japanischen Graphik die Probleme der Perspektive und der körperlichen Darstellung gelöst werden, reizte mich, etwas Analoges für die Musik zu erfinden." [Leben und Werk, S. 51]. Über den „Pierrot lunaire" äußert er sich: „Die instrumentale Substanz des Pierrot lunaire beeindruckte mich außerordentlich. Unter „instrumental" verstand ich damals nicht nur die Instrumentierung dieser Musik, sondern die gesamte kontrapunktische und polyphone Struktur dieses glänzenden instrumentalen Meisterwerkes." [Gespräche, S. 95].

In dem Konzept der „Geschichte vom Soldaten" sah Strawinsky die Möglichkeit, die künstlerische Haltung der raffinierten Einfachheit in einem Spiel mit Musik zu erproben. Bedeutete das Werk für Strawinsky ein ästhetisches Experiment, so dachte Ramuz an eine wirkliche Rückkehr zum Einfachen und Ursprünglichen. Im Jahre 1918 schrieb er in sein „Tagebuch" (S. 281 f.): „Ich bin willens, wieder zum Einfachen zurückzukehren. ... Ich bin willens, in einen Naturzustand hinabzusteigen, der tiefer liegt: diese Haltung hat nichts Künstliches, wie man vielleicht denken könnte. Sie ist, ganz im Gegenteil, ein äußerst natürliches Verhalten der Natur gegenüber, und mein einziges Verdienst ist, dies immer erkannt und die Natur gesucht zu haben."

So geriet Ramuz in ungläubiges Staunen darüber, daß Strawinsky die als Requisit in der Geschichte benötigte Violine nicht in einfachere

Weise durch Akkordeon oder Gitarre begleiten ließ, sondern sie einem sorgfältig abgewogenen Instrumentalensemble eingliederte. Es besteht aus Violine, Kontrabaß, Klarinette, Fagott, Cornet à Pistons[5], Posaune und Schlagzeug (Militärtrommel mit Schnarrsaiten, 2 Militärtrommeln verschiedener Größe ohne Schnarrsaiten, kleine Trommel mit Schnarrsaiten, große Trommel, Becken, Tamburin, Triangel). Das Schlagzeug wird von einem Spieler bedient.

Ramuz erwartete schlichte Unmittelbarkeit, Strawinsky schuf ästhetische Distanz. Er bildete ein gleichsam „ausgedörrtes" Orchester, in dem die einzelnen Klangqualitäten nicht als Farben, sondern nur als Linien in Erscheinung treten. Obwohl nur sieben Musiker zusammen spielen, ist die Musik zur „Geschichte vom Soldaten" keine Kammermusik, sondern reduzierte Orchestermusik. Erik Satie verwendet in seiner lyrischen Komödie „Le Piège de Méduse" (1913) ebenfalls ein so kleines Ensemble, das sich von demjenigen Strawinskys nur dadurch unterscheidet, daß es anstelle des Fagotts ein Violoncello umfaßt.

Ist mit der Hinwendung zum Neoklassizismus eine grundsätzliche Veränderung im Kompositionsverfahren Strawinskys verbunden? Man muß hier genau unterscheiden und kommt dabei auf die Frage, aus welchen Komponenten und Dimensionen sich Strawinskys Musik zusammensetzt. In unserer, an der im engeren Sinne europäischen Kunstmusik der letzten zwei Jahrhunderte gebildeten Erfahrung erscheint ein Musikstück als einheitliches Ganzes, in dem die verschiedenen Momente wie Melodie, Harmonie und Rhythmus miteinander verschmelzen, und dieses Ganze hat eine mehr oder weniger bestimmte klangliche Erscheinungsform. Strawinsky betrachtet dagegen die Musik als etwas Zusammengesetztes, dessen einzelne Komponenten voneinander getrennt bestehen bleiben. Es geht ihm nicht darum, eine musikalische Gestalt als einheitliches, unverwechselbares Gebilde auszuformen, indem er melodische, rhythmische und klangliche Elemente so auseinander hervorgehen läßt, daß andere Möglichkeiten ihrer Verbindung nicht denkbar scheinen. Die Komponenten Melos (zutreffender: Intervallkonstellation), Rhythmus und Klang behalten vielmehr ihre Eigenständigkeit. Wie Baumaterial stehen sie dem Komponisten zur Verfügung, und ihre Kombination kann stets so oder auch anders sein. Wendet sich Strawinsky in dem genannten Zeitraum der Kunst der linearen Komposition zu, so betrifft das nur eine oder einige, aber nicht alle Dimensionen seiner Konzeption von Musik. Sein Neoklassizismus hat nur bedingten Charakter. Strawinsky nimmt die Mittel auf, die seiner Arbeitsweise zusagen, behält sich aber die Freiheit vor, sie bei gegebenem Anlaß wieder beiseite zu legen.

Die drei Perioden, in die man das Gesamtwerk Strawinskys einzuteilen pflegt, die russische, neoklassizistische und serielle, haben diesen nur bedingten Charakter. Sie stehen alle unter der reservatio mentalis, daß der Wille des Komponisten im Umgang mit dem Material keiner Beschränkung unterliegen darf, die aus irgendwelchen, von einem Ismus festgelegten Normen herrührt. Ansermet berichtet, Strawinsky habe in einer Diskussion um die Anwendung eines Akkordes, der zugleich die große und die kleine Terz über dem Grundton enthält, gesagt: „Und wenn ich es will, so kann ich es auch.“ [Die Grundlagen der Musik im menschlichen Bewußtsein, S. 502]. Im Zusammenhang mit der Reihentechnik äußert Strawinsky: „Selbstverständlich höre ich harmonisch und komponiere auf dieselbe Art wie bisher.“ [Gespräche, S. 117].

Die Freiheit in der Anwendung verschiedener kompositorischer Mittel und Methoden wird dadurch ermöglicht, daß sich eine Art Grundschicht musikalischer Verfahrensweisen fast unverändert durch das Gesamtwerk Strawinskys hindurchzieht. Das wesentliche Element dieser Grundschicht ist die Art der Herstellung des rhythmischen Zusammenhanges durch die Aneinanderfügung einzelner rhythmischer Strukturen, die eine von der uns gewohnten Taktrhythmik unterschiedene Qualität haben. Zu der Grundschicht gehören auch einige melodisch-klangliche Formulierungen, die als geprägte Ausdrucksformen immer wieder in den Werken Strawinskys auftauchen. Die Musikstücke der „Geschichte vom Soldaten“ eignen sich auf Grund ihrer Kürze und Überschaubarkeit dazu, Strawinskys Kompositionsverfahren grundsätzlich zu erläutern.

Der *Stoff* der „Geschichte vom Soldaten“ entstammt der russischen Volksdichtung. Strawinsky entnahm ihn, wie er selber berichtet, der Anthologie russischer Märchen von Afanassiew. Seit 1914 beschäftigte er sich intensiv mit russischen Volkstexten. „Diese Verse hatten etwas Verführerisches für mich, nicht so sehr durch den anekdotischen Inhalt, der häufig derb ist, auch nicht durch ihre Bilder oder ihre Metaphern, trotz der bezaubernden Frische, die diese haben, sondern vielmehr durch die Verknüpfung der Worte und Silben, die Kadenz, die dabei entsteht und die unsere Empfindung fast ebenso anrührt wie Musik.“ [Leben und Werk, S.59]. Strawinsky betrachtet die Sprache gleichsam nur von außen. Sie wird für ihn zum erklingenden Material, an dem sich sein tätiges Interesse entzündet. Dem Inhalt der Erzählungen schenkt er dagegen wenig Aufmerksamkeit. Die Sprache ist für Strawinsky nicht ein Mittel zur Darstellung eines Inhalts, also von diesem abhängig, sondern ein Material, dem eine inhaltliche Dimension anhaftet. Dies ist der Ausgangspunkt für seine Auseinandersetzung mit dem Problem von Musik und Sprache, die sich in den Kompositionen „Les Noces“, „Pribaoutki“, „Katzenwiegenlieder“, „Unterschalen“ und „Renard“ niederschlägt. Über den Inhalt der verschiedenen Texte äußert sich Strawinsky nur oberflächlich: „Naturgemäß haben diese Märchen einen spezifisch russischen Charakter, aber zugleich sind die Situationen, die sie schildern, die Gefühle, die sie ausdrücken, und die Moral, die sie beschließt, so allgemein menschlich, daß sie jeder Nation verständlich sein müssen.“ [Leben und Werk, S.74f.].

Der *Text* der „Geschichte vom Soldaten“ ist aber kein russischer, sondern ein französischer Text. Dies erklärt sich vor allem im Hinblick auf die Aufführungsmöglichkeiten in der Schweiz, betrifft jedoch wesentlich die Faktur des Werkes: Strawinsky vermeidet nämlich – abgesehen vom „Couplet des Teufels“ und wenigen Stellen im „Marsch des Soldaten“ – eine Berührung von Sprache und Musik. Die Musik beschränkt sich darauf, Situationen, an denen die Handlung stillsteht, zu verdeutlichen. Was zunächst nur nach Einfachheit aussieht, hat seinen Grund auch darin, daß Strawinsky die französische Sprache nicht auf die Weise behandeln will, die er im Umgang mit russischen Texten entwickelt hatte – oder daß er sich dies noch nicht zutraut. Bei der Komposition von „Perséphone“ (1933/34) nach einem Text von André Gide verfährt er anders. Strawinsky berichtet von Gides Erstaunen über die Musik und meint: „Es gibt mindestens zwei Erklärungen für Gides Mißfallen an meiner Perséphone-Musik. Die eine ist, daß ihn die musikalische Betonung des Textes überraschte und befremdete, obwohl er zum voraus gewarnt worden war, daß ich das Französische so strecken und akzentuieren und sonst traktieren würde, wie ich es mit dem Russischen getan hatte. ... Die andere Erklärung ist einfach die, daß er meiner musikalischen Sprache nicht zu folgen vermochte.“ [Gespräche, S. 141]

Die *Handlung* der „Geschichte vom Soldaten“ ist folgende: Der Soldat wandert während eines Urlaubs nach Hause. Am Ufer eines Baches rastet er und holt seine Geige hervor. Während er spielt, erscheint der Teufel in Gestalt eines alten Mannes mit einem Schmetterlingsnetz und bittet ihn, ihm die Geige zu überlassen. Der Soldat lehnt ab, tauscht dann aber doch die Geige gegen ein Zauberbuch ein, in dem – und dies ist ein Bruch in der Märchensphäre – Börseninformationen der Zukunft aufgezeichnet sind. Der Teufel überredet den Soldaten, für drei Tage mit ihm zu kommen und ihn im Geigenspiel zu unterrichten. Danach setzt der Soldat seine Wanderung fort. In seinem Heimatdorf angekommen, erfährt er zu seinem Entsetzen, daß er nicht drei Tage, sondern drei Jahre vom Teufel festgehalten worden war. Freunde und Verwandte halten ihn für ein Gespenst. Aus tiefster Verzweiflung erwächst das Bedürfnis nach Rache, und er stürzt sich auf den Teufel, der in Gestalt eines Viehhändlers im Dorf erscheint. Der Teufel macht ihm jedoch klar, daß er nun allein auf das Zauberbuch angewiesen ist und sich aus einem Soldaten in einen Kaufmann verwandeln muß. Sehr reich geworden und in weltweite Geschäfte verwickelt, sitzt der Soldat in seinem Kontor, doch fühlt er sich innerlich einsam und unglücklich. Da taucht der Teufel als Hausiererin auf und bietet ihm aus seinem alten Soldatentornister seine früheren Habseligkeiten an, zuletzt die Geige. Der Soldat stürzt sich auf die Geige, doch sie bleibt stumm. Er wirft sie fort und zerreißt das Zauberbuch; seine Welt ist zerbrochen.

Wieder ist der Soldat auf Wanderschaft. In einem fremden Königreich erfährt er, daß die Prinzessin unheilbar krank liege. Er läßt sich überreden, als Arzt an den Hof zu gehen und sein Glück zu versuchen. Dort ist aber bereits der Teufel, der die Prinzessin krank gemacht hat und das einzige Mittel, das sie heilen kann, die Geige des Soldaten, in Händen hält. Der Soldat versucht nun, den Teufel zu überlisten. Er spielt mit ihm um Geld, und sie trinken. Je mehr der Teufel gewinnt, desto mehr trinkt er, vom Soldaten dazu genötigt, und fällt schließlich zu Boden. Der Soldat nimmt die Geige an sich und spielt vor der Prinzessin. Sie erhebt sich und tanzt. Da erscheint der Teufel, nun in seiner eigentlichen Gestalt mit Hörnern und Schweif, doch er muß auch tanzen, bis er umfällt. Soldat und Prinzessin sinken sich in die Arme. Der Teufel spricht aber einen Bann aus: Der Soldat darf die Grenze des Königreiches nicht überschreiten; tut er es dennoch, so verfällt er dem Teufel. Im gegenwärtigen Glück steigen dem Soldaten Erinnerungen an die Vergangenheit auf. Die Prinzessin überredet ihn, seiner Sehnsucht nachzugeben, und so reisen sie in die Heimat des Soldaten. An der Grenze steht der Teufel in der Pose des Siegers. Der Soldat kommt, zögert etwas und überschreitet dann die Grenze. Der Teufel, wieder im Besitz der Geige, treibt ihn mit einem wilden Triumphmarsch von der Bühne – in die Hölle. Die Moral von der Geschichte:

„Man soll zu dem, was man besitzt, begehren nicht, was früher war.
Man kann zugleich nicht der sein, der man ist und der man war.
Man kann nicht alles haben. Was war, kehrt nicht zurück.
Ein Glück ist alles Glück; zwei ist wie keins."
(Übersetzung von Hilty-Holliger, siehe Literaturverzeichnis)

Ramuz und Strawinsky formen aus diesem Stoff ein zweiteiliges episches Spiel. Es hat folgenden Aufbau:

Erster Teil:
„Marsch des Soldaten".
1. Szene am Ufer des Baches.
a) Erzählung mit lebendem Bild: Der Soldat tritt auf.
b) „Musik der ersten Szene".
c) Gespielte Szene: Soldat und Teufel als alter Mann.
„Marsch des Soldaten".
2. Szene im Dorf.
a) Erzählung mit lebendem Bild: Der Teufel als Viehhändler.
b) „Musik der zweiten Szene".
c) Gespielte Szene: Soldat und Teufel als Viehhändler.
d) Schlußteil der „Musik der zweiten Szene".

3. Szene im Kontor.

a) Erzählung mit der „Musik der dritten Szene", die der Schlußteil der „Musik der ersten Szene" ist.[6]

b) Gespielte Szene: Soldat und Teufel als Hausiererin.

c) „Musik der dritten Szene".

Zweiter Teil:

„Marsch des Soldaten".

1. Szene am Königshof

a) Erzählung.

b) „Königsmarsch" mit lebendem Bild: Der Teufel als Violinvirtuose.

c) Erzählung und Dialog zwischen Erzähler und Teufel, anschließend Wiederholung des „Königsmarsches".[7]

d) Gespielte Szene: Soldat und Teufel spielen Karten.

e) „Kleines Konzert".

2. Szene im Zimmer der Prinzessin.

a) „Drei Tänze – Tango, Walzer, Ragtime".

b) „Tanz des Teufels".

c) „Kleiner Choral".

d) „Couplet des Teufels".

e) „Großer Choral", dabei entsteht die Erzählung aus allgemeinen Reflexionen.

3. Szene an der Grenze.

a) Erzählung.

b) Lebendes Bild: Soldat und Teufel an der Grenze.

c) „Triumphmarsch des Teufels".

Der „Marsch des Soldaten", der die Grundsituation des Wanderns schildert, kehrt wie ein Refrain zweimal wieder. In einem Brief vom 28. Februar 1918 äußert Ramuz die Absicht, das Werk auch mit diesem Stück zu beschließen: „Le diable à la fin emmène le soldat avec la marche du soldat." [Lettres I, S. 353] Doch am Schluß wandert der Soldat nicht mehr von sich aus; den Marsch spielt jetzt der Teufel.

Wie aus der Übersicht hervorgeht, schlägt vom „Kleinen Konzert" an das Verhältnis von Musik und Erzählung um: Bis hierher wird die Geschichte erzählt, und die Musik verdeutlicht einzelne, als Bilder stillgelegte Szenen; nun verlagert sich die Geschichte in die von der Musik dargestellte Szenenfolge. Heilung der Prinzessin („Kleines Konzert", „Drei Tänze"), Überwältigung des Teufels („Tanz des Teufels"), Umarmung („Kleiner Choral"), Erinnerung („Großer Choral"), Sieg des Teufels („Triumphmarsch des Teufels") – diese Szenen bedürfen in ihrer Typik nicht des erzählenden Wortes, und so beschränkt sich der Erzähler auf kommentierende Bemerkungen (während des „Großen Chorals"). Das einzige, was ausgesprochen werden muß, ist der Bannfluch des Teufels, und dies geschieht in der einzigen „Gesangsnummer", dem „Couplet des Teufels".

Die Rolle des Erzählers ist sehr vielseitig. Er präsentiert die Geschichte mit der Ankündigung: „Die Geschichte vom Soldaten. Text von C.F. Ramuz. Musik von Igor Strawinsky", erzählt sie (liest sie vor), spielt sie teilweise – so in der Szene im Kontor – und greift an einer Stelle sogar aktiv in die Handlung ein. Er fordert in der Szene am Königshof den Soldaten auf, sich gegen den Teufel zur Wehr zu setzen und rät ihm zum Kartenspiel um Geld. Von teilnahmsloser Ankündigung bis zu engagiertem Eingreifen reicht die Spannweite der Rolle.

Ramuz hat den Text in zumeist vierhebigen Versen verfaßt, die in unregelmäßigen Folgen reimen. Es handelt sich also um eine Art Knittelverse. Eingeschoben sind einige Passagen in Prosa, vor allem dort, wo von Geld und Geschäft die Rede ist. Der epische Charakter des Textes kommt darin zum Ausdruck, daß Versgruppen, einzelne Verse oder auch nur Versteile öfters wiederholt werden. Sie gewinnen so den Ausdruckswert von festen Formeln, in denen ein prägnantes Bild eingefangen und nun beliebig evozierbar ist. Das deutlichste Beispiel dafür ist gleich die Anfangszeile „Entre Denges et Denezy ..." (die deutsche Übersetzung „Zwischen Chur und Walenstadt ..." kann die klangliche Präzision des französischen Verses nicht erreichen). Diese Zeile hat Strawinsky in die Musik des „Marsches des Soldaten" hineingenommen und mit der wichtigsten Melodiefloskel verbunden. So entsteht eine feste Formel, die die Situation des wandernden Soldaten in bildhafter Knappheit ausdrückt:

Beisp. 1

Von den drei Komponenten des Spiels, Erzählung, Darstellung und Musik, wird im folgenden ausschließlich von der letztgenannten die Rede sein. Diese Einschränkung ist möglich, denn Strawinsky beabsichtigte von Anfang an, die Musik so zu komponieren, daß sie – abgesehen vom „Couplet des Teufels" – auch unabhängig von einer Aufführung des Stückes als Konzertsuite gespielt werden kann. Dabei verschwindet jedoch nicht nur die aus dem Zusammenwirken von Musik und Sprache entstandene und den „Marsch des Soldaten" prägende Formel „Entre Denges et Denezy", alle Stücke verlieren vielmehr durch die Herauslösung aus dem Zusammenhang des Spiels eine wesentliche Qualität, nämlich ihre Funktion. Erst die spezifische Funktion im Gesamtablauf des Stückes macht die Musik zu dem, was sie eigentlich ist; als Konzertsuite wirkt sie blasser. „Die Geschichte vom Soldaten – erzählt, gespielt, getanzt", lautet die vollständige Überschrift, und das Zusammenwirken aller dieser Elemente ist erforderlich.

Marsch des Soldaten – Marschmelodien
(99 Takte[8], M.M. ♩ = 112)
Besetzung: Clarinetto in La, Fagotto, Cornet à pistons in La, Trombone (Ten.-Bas.) Batterie, Violino, Contrabasso

Der „Marsch des Soldaten" hat eine vierteilige Anlage, die dem Schema A–B–A′–Coda folgt. Sie ist am Verlauf des Basses abzulesen, dessen gleichmäßige Bewegung den Marschschritt markiert. In Takt 4–30 pendelt er zwischen G und D, in Takt 31–41 wird D festgehalten, in Takt 42–83 folgt wieder die Pendelbewegung zwischen G und D, in Takt 84–88 erklingt wieder der Ton D, und in Takt 91–96 geht die Bewegung in das tonhöhenlose Pulsieren des Schlagzeugs über. In den Takten 1–3, 89–90 und 97–99 erklingt eine Anfangs-, bzw. Schlußfloskel, die die Bewegung des Stückes in Gang setzt und dann wieder zum Anhalten bringt.

Über der Baßbewegung erklingen im ersten und dritten Teil verschiedene Melodiewendungen, unter denen die signalartige Tonwiederholung im Fagott (T. 18–20 und T. 43–44, siehe Tafelbeispiel I C) und die fanfarenhafte Akkordbrechung, vor allem im Cornet (T. 20–21, T. 27 etc. siehe Tafelbeispiel I C), Requisiten aus der Marschmusik sind. Erscheinen die Melodiewendungen im ersten Teil bruchstückhaft und zusammengewürfelt, so werden im dritten zwei größere melodische Zusammenhänge aufgebaut (T. 50–58 und T. 64–83). Von den beiden Eckteilen ist der Mittelteil durch eine ruhiger fließende Melodik abgesetzt; er gliedert sich in zwei Teile (T. 31–35 und T. 37–41, T. 36 ist Zäsurtakt). In der Coda tritt das melodische Element ganz zurück.

Der in den Eckteilen zwischen G und D pendelnde und im Mittelteil auf D beharrende Baß legt nahe, das Stück als „in G" stehend zu bezeichnen. Betrachtet man aber die hinzutretenden Melodiewendungen, so weisen sie in den Eckteilen auf eine nach Dur gefärbte A-Tonalität; im Mittelteil gehören sie dem D-Dur-Bereich zu. In den Eckteilen schichtet Strawinsky zwei Tonalitäten übereinander, um die beiden Schichten des Satzes voneinander abzuheben. Diese Trennung ist auch im rhythmischen Bereich durchgeführt: Über dem pulsierenden Baß arbeitet Strawinsky mit den vom Takt unabhängigen, ungleichmäßig erscheinenden rhythmischen Strukturen. Im Mittelteil, in dem sich die Tonalitäten berühren, stimmt auch der Rhythmus von Baß und Melodik überein.

Die Eröffnungswendung des Stückes (siehe Tafelbeispiel I A) erscheint als Verzerrung einer banalen Anfangsfloskel, die man sich als aus zwei Elementen bestehend vorstellen kann: aus einer kreisenden Terz- und einer zum Grundton fallenden Quartbewegung. Strawinsky nimmt diese Elemente auseinander. Er setzt die Terzbewegung auf die Töne f′–g′–a′ und die zum Tritonus gedehnte Quartbewegung auf die Töne ais′–gis′–fis′–e′. Die Töne der beiden Elemente stehen nun jeweils im Ganztonabstand zueinander und bilden zusammen die chromatische Leiter von e′ bis ais′. Damit ist die Funktion einer Anfangswendung, die auf ihrer Zielgerichtetheit beruht, zerstört; es bleibt allein der Gestus. Entspricht einer banalen Anfangsfloskel eine Begleitung in Terzparallelen und Hornquintensatz, so setzt Strawinsky zu seiner Wendung eine zweite Stimme, die zuerst in Gegenbewegung den Klang von der großen Terz zur großen Septim anspannt, dann in Sextparallelen verläuft und schließlich die Hornquinten in der Folge übermäßige Quint – kleine Septim – große Sext karikiert. Es handelt sich jedoch nicht nur um eine Karikatur. Aus der Diskrepanz der beiden Stimmen gehen die beiden Tonalitäten hervor, die im ersten Teil des Stückes übereinandergeschichtet sind: Die Oberstimme der Eröffnungswendung endet auf e′, das zum A-Bereich gehört, und die Unterstimme auf G. Die Art, wie Strawinsky diese Eröffnungswendung formt, erinnert stark an Erik Satie. Satie greift oft banale Melodiefloskeln auf und verzerrt sie, indem er ihre Bestandteile gegeneinander verschiebt.

Am Schluß des „Marsches des Soldaten“ erklingt die Eröffnungswendung zweimal in verkürzten Fassungen (T. 88–90, T. 97–99). Zuerst entfernt Strawinsky das 5. und 6. Achtel, dann auch noch das 3. und 4. Achtel, und in Takt 98 schreibt er anstelle des ersten Viertels eine Pause. Die Transposition steht im Zusammenhang mit der Schlußbildung: Zu Beginn des Stückes führt die Oberstimme mit dem Tritonus ais′–gis′–fis′–e′ zum Quintton des A-Bereichs, hier mit dem Tritonus es″–(des″)–h′–a′ zu seinem Grundton.

In Takt 6–10 erklingt die mit der Textzeile „Entre Denges et Denezy“ verbundene Melodiewendung (siehe Beispiel 1 und Tafelbeispiel I B_1). In Takt 12–18 entfaltet sich aus ihrem punktierten Beginn eine melodisierende Bewegung, die in zwei Vierteln endet. Zu diesen führt eine durch die Notierung im Dreiachteltakt deutlich hervorgehobene Gruppe von drei Achteln. Dieses kleine Element ist für die rhythmische Struktur des Stückes von großer Bedeutung. Es hat stets die Aufgabe, eine Bewegung weiterzutreiben und sie zu bestimmten Tönen – hier zu den zwei Vierteln – hinzuführen. Gruppen von drei kurzen Tönen, die diese Funktion erfüllen, sind in der Musik Strawinskys sehr häufig anzutreffen.

In Takt 22–23 erklingt im Forte der Blechbläser und der Violine eine prägnante, mit zwei Vierteln beginnende und mit der Dreiachtelgruppe endende Gestalt (Tafelbeispiel I B_2). Sie ist eine Variante der Wendung in Takt 6–8: Anstelle der zwei punktierten Gruppen stehen die zwei Viertel, die dort folgenden zwei Achtel sind nun punktiert, und anstelle der letzten Achtel steht jetzt die Dreiachtelgruppe. Die Diatonik ist zur Chromatik zusammengezogen und die Melodie aus dem Quart-Quint-Raum e′–h–fis′ in die verminderte Quarte a′–eis′ gepreßt. Die Dreiachtelgruppe führt hier gleichsam ins Leere, denn in Takt 24 steht zuerst eine Achtelpause, und dann folgt eine verzerrte Variante der Wendung in Takt 22–23: Die zwei Viertel sind zu zwei Sechzehnteln, einem Viertel und einer Achtelpause geworden, und der zweite Teil der Wendung versackt in den tiefen Tönen der Klarinette. Betrachtet man aber, wie die Dreiachtelgruppe in Takt 16–17 zu den zwei Vierteln hinführt, so kann man sich hier dasselbe und eine nicht verzerrte Wiederholung der Wendung von Takt 22–23 vorstellen. Die Elemente und Mechanismen zum Aufbau eines geschlossenen rhythmischen Zusammenhangs sind vorgestellt, doch folgt in Takt 18 auf die zwei Viertel die signalhafte Figur im Fagott und in Takt 27 die Akkordbrechung. Erst im dritten Teil des Stückes wird der Zusammenhang realisiert.

Die Melodik in Takt 50–58, dem ersten zusammenhängenden Abschnitt im dritten Teil, der sich nach der Signalfigur und den Akkordbrechungen (T. 42–47) aufbaut, beginnt wie die Linie in Takt 14–15. Die Bewegung bricht jetzt aber nicht nach den zwei Vierteln ab, sondern führt über sie hinaus und in eine Wiederholung hinein (T. 55–57 entspricht T. 51–53: siehe Tafelbeispiel I B_3). In dieser Melodik ist die Wendung aus Takt 22–23 zwar als Kern enthalten, wird aber um die Achtelkette in Takt 54–56 erweitert. In ihrer knappen Form wird die Wendung in Takt 64–83, dem den Hauptteil des Stückes beschließenden Tutti-Abschnitt, aneinandergefügt.

Der Abschnitt Takt 64–83 gliedert sich in drei Phrasen, die sieben, sieben und sechs Takte umfassen. Jeder Takt weist eine andere Vorzeichnung auf: z.B. von Takt 64 bis Takt 70 3/8, 2/4, 3/8, 3/4, 3/8, 3/4, 3/8.

Diese verwirrende Vielfalt, bei der nicht nur die Anzahl der in einem Takt zusammenzufassenden Notenwerte abgeändert wird – wie der Wechsel von zwei zu drei Vierteln –, sondern auch die Größe der zu zählenden Notenwerte – der Wechsel von Achteln zu Vierteln –, steht in Widerspruch zu der in sich einheitlichen Bewegung der Musik, in die man sich hörend einfügen kann, wenn man den Versuch aufgibt, mitzählen zu wollen.

Der Zugang zur rhythmischen Ordnung der Musik bietet sich, wenn man auf die Taktvorzeichnungen verzichtet. Die erste Phrase (T. 64–70) erscheint dann wie folgt (vgl. Tafelbeispiel I B_4):

Fig. 1

Sie stellt sich als eine Reihe von Tönen dar, deren Dauern im Verhältnis von Vierteln zu Achteln zueinander stehen. Die Punktierung tritt als sekundäres, variierendes Element zur Grundordnung hinzu. Abstrahiert man von den geschriebenen Notenwerten, so kann man von einem Verhältnis der Dauerwerte von 2 zu 1 sprechen. Die Phrase hat drei Glieder, und die rhythmische Struktur eines solchen Gliedes baut sich aus zwei Vierteln, zwei Achteln und der Dreiachtelgruppe auf. Diese Struktur ist als rhythmisches Modell zu bezeichnen. In der Phrase sind drei Modelle aneinandergereiht, wobei die Dreiachtelgruppe als verbindendes Element wirkt.

In Takt 71–77 ist das rhythmische Modell des ersten Gliedes um ein Viertel erweitert, und im dritten Glied stehen zwei Achtel an der Stelle des zweiten Viertels. In Takt 78–83 ist das Modell der ersten beiden Glieder um ein Viertel verkürzt, und das dritte umfaßt nur noch vier Viertel; die Achtel sind verschwunden (vgl. Tafelbeispiel I B_4).

Die rhythmischen Modelle sind also aus einzelnen Elementen zusammengesetzt, aus Vierteln und Achteln – allgemein ausgedrückt: aus Längen und Kürzen –, die jedoch nicht in dem Modell als einem übergeordneten Ganzen aufgehen, sondern wie kleine Bausteine jeweils einzeln verfügbar bleiben. Man kann hier eines hinzusetzen und dort eines wegnehmen, ohne daß die grundsätzliche Identität des Modells beeinträchtigt wird. Die einzelnen Elemente innerhalb des Modells haben unterschiedliche Funktionen. Die Viertel bilden als statische Werte gleichsam einen Kern, während die Dreiachtelgruppe die Bewegung weitertreibt. Wird ein Viertel durch zwei Achtel ersetzt, so bedeutet das zwar eine

Variierung, aber keine Änderung in der Funktion der betreffenden Stelle innerhalb des rhythmischen Modells.

Die einzelnen Stufen, die beim Aufbau des rhythmischen Zusammenhangs zu beobachten sind, können auch hinsichtlich des Klangaufbaus festgestellt werden. In Takt 6–8 erklingen die beiden Blechblasinstrumente Cornet à Pistons und Posaune, in Takt 22–23 tritt die Violine hinzu, in Takt 50–58 wird das Tutti im Forte eingesetzt und in Takt 64–83 schließlich im Fortissimo. Die Klangintensität wird also in deutlich abgegrenzten Stufen durch Addition von Instrumenten und Terrassendynamik gesteigert.

Die Melodik im Mittelteil des Stückes (T. 31–41) wirkt deshalb gleichmäßiger, weil die gliedernde Dreiachtelgruppe fehlt und ein bestimmtes rhythmisches Modell nicht zu erkennen ist. Die Melodiewendungen, die ebenfalls von der Grundfloskel „Entre Denges et Denezy“ abgeleitet sind, erscheinen wie wechselnde Ausschnitte aus einer unendlichen, mit Punktierungen versehenen Viertelbewegung (Tafelbeispiel I B_5).

In der Coda öffnet sich an der Stelle, an der die Begleitung in das Schlagzeug übergeht, der Vorhang, und der Soldat tritt im Takt der Musik auf die Bühne. An die Stelle des Klanges wird das lebende Bild gesetzt. Die Schlußwendung bringt dann nicht nur die Musik, sondern auch den wandernden Soldaten zum Anhalten.

Zu Beginn des zweiten Teils der „Geschichte vom Soldaten“ erklingt der „Marsch des Soldaten“ in veränderter Form. Er umfaßt nun 73 Takte und ist dreiteilig angelegt. Der erste und dritte Teil (T. 1–24 und T. 47–73) sind aus Abschnitten des ersten und dritten Teils der beschriebenen Form des Stückes zusammengesetzt. Die entsprechenden Abschnitte sind die folgenden:

2. Form des Stückes	1. Form des Stückes
Takt 1–15	Takt 1–18 ohne Takt 5 und Takt 9–10
Takt 15–24	Takt 50–59
Takt 47–73	Takt 64–90

Gegenüber der ersten Form sind nun die beiden Eckteile melodisch-klanglich ungefähr gleichgewichtig; der stufenweise Aufbau des musikalischen Zusammenhangs wird nicht nochmals vorgeführt. Strawinsky behandelt also auch die musikalische Form nicht anders als das rhythmische Modell oder die melodische Wendung. Sie ist für ihn ein Zusammengesetztes, das in seine Einzelteile zerlegt und neu wieder zusammengebaut werden kann. Die Umdisposition berührt dabei den inneren Aufbau der Teile in keiner Weise.

Strawinsky geht noch einen Schritt weiter. Im Mittelteil wird die musikalische Einheit des Stückes aufgebrochen, denn die Erzählung tritt in den Vordergrund. Ein Stück weit wird sie von der Musik begleitet (T. 25–46), dann breitet sie sich frei aus. Der Abschnitt in Takt 25–46 wird von Varianten der Eröffnungsfloskel (T. 25–27 und T. 44–46) eingefaßt. Die pulsierende Begleitung erklingt im tonhöhenlosen Schlagzeug, und darüber tauchen wie vereinzelte Splitter Fragmente der Eröffnungsfloskel und der fanfarenhaften Akkordbrechung auf. Im Unterschied zum Anfang des Stücks in seiner ersten Form sind diese Splitter nicht Elemente, aus denen ein Zusammenhang aufgebaut werden kann, sondern Fetzen von bereits Erklungenem.

Musik der ersten Szene

(106 Takte, M.M. ♩ = 100)

Besetzung: Clarinetto in La, Fagotto, Cornet à pistons in La, Trombone, Violino, Contrabasso

Das Stück hat eine dreiteilige, dem Schema A–B–A′ folgende Anlage, die Teile sind aber nicht ganz klar voneinander getrennt. Der *erste Teil* umfaßt Takt 1–30, doch erklingt die charakteristische Begleitung, die pizzicato-Achtel im Kontrabaß und die hinzutretenden staccato-Sechzehntel der Violine (Tafelbeispiel II A), noch in Takt 31–32, und die Violinfigur wird in Takt 33–34, 38 und 56 wiederholt. Der *Mittelteil* beginnt mit der Melodiewendung im Fagott, die in Takt 30–31 über der Begleitung erklingt. Er reicht bis zu Takt 60. Takt 61–67 ist ein Überleitungsabschnitt. Der *dritte Teil* (T. 68–106) gliedert sich in zwei Abschnitte: in Takt 68–74 wird die Bewegung, die in Takt 27–29 in der Violine erklingt, beibehalten, und in Takt 76–106 folgt, nach der ausschwingenden Überleitungsfigur in Takt 75, ein dem Beginn des Stückes entsprechender Abschnitt.

Die pulsierenden Achtel des Kontrabasses, mit denen das Stück beginnt, werden nicht durch eine Eröffnungswendung ausgelöst, sondern treten wie beiläufig ins Erklingen. Ein schon erreichter Zustand, die Ruhe am Ufer des Baches, wird musikalisch ausgemalt. Bei den leisen Sechzehnteln der Violine scheint der Soldat sein Instrument zuerst nur zu berühren. In Takt 7–10 löst sich daraus die erste melodische Wendung (Tafelbeispiel II B_1). Sie ist keine typische Anfangswendung, sondern eine Schlußfloskel. Ersetzt man in Gedanken den letzten Ton a durch c′, so zeigt sie sich als schlichte Kadenzformel. Der Ton a ist aber der Grundton der melodischen Schicht des Stückes, während die Baßfigur in G steht. Auch hier schichtet Strawinsky zwei Tonalitäten übereinander und verbindet sie mit den Schichten von Melodie und Begleitung. Fällt im Mittelteil die Begleitung weg, so bleibt die A-Tonalität allein übrig. In Takt 53–60 deutet sich in den Tönen F und G im Kontrabaß die G-Tonalität wieder an; dies gehört zur erwähnten Verschleierung der formalen Grenzen in diesem Stück. Daß hier dieselben Tonalitäten wie im „Marsch des Soldaten" kombiniert werden, deutet auf einen übergreifenden tonalen Plan des ganzen Werkes, der später zu betrachten sein wird.

In Takt 23 wird der letzte Ton der Melodiewendung durch das plötzliche Forte der Violine verschluckt. Der Schluß der Wendung wird um eine Oktave höher wiederholt, erscheint jedoch durch den Umschlag der Dynamik als Ansatz einer Bewegung. In Takt 25–26 folgt eine erweiterte Variante des ersten Teils der Wendung, die in eine Folge von Vierteln führt. Diese ist durch die rhythmische Artikulation, d.h. durch die Unterteilung in Achtel und Sechzehntel, in Dreiergruppen gegliedert. Diese Dreiergruppen gehen aus dem Schluß der Melodiewendung dadurch hervor, daß der Schlußton seine Punktierung verliert. So kann er einen übergreifenden Bewegungszusammenhang nicht mehr aufhalten (Tafelbeispiel II B_2). Die in Takt 27–29 angedeutete Bewegungsstruktur, die in Takt 68–74 über einen größeren Abschnitt hinweg beibehalten wird, wird im „Kleinen Konzert" wieder aufgegriffen und prägt dort den ersten und letzten Teil des Stückes.

In Takt 30–31 erklingt im Fagott eine zweite charakteristische Melodiewendung (Tafelbeispiel II C). Ihre rhythmische Struktur entspricht jener der Violinwendung aus Takt 7–10; es fehlt nur eine Entsprechung zu deren Schlußton. Die Übereinstimmung wird bei der Wiederholung der Fagottmelodie in Takt 33–34 deutlich:

(Takt 7–10)

Fig. 2

(Takt 33–34)

Strawinsky verbindet verschiedene melodische Bewegungen mit derselben rhythmischen Struktur und schafft so Zusammenhänge und Analogien in seiner Musik. Auch intervallisch sind die beiden Wendungen aufeinander bezogen. Schließt die Violinwendung mit den Tönen c′–h–a, deutet sie also die Mollfärbung der A-Tonalität an, so pendelt die Fagottmelodie zwischen cis′ und a, den Tönen der Durterz über a. In Takt 36–50 erklingen beide Formen der A-Tonalität gleichzeitig, aber in Oktavräumen übereinandergeschichtet. In der eingestrichenen Oktave werden stets c′ und f′ gespielt, in der zweigestrichenen Oktave cis″ und fis″. Erklingt in Takt 50 der Ton c‴ in der Klarinette, so kann man die Mollfärbung der dreigestrichenen Oktave zumindest angedeutet sehen.

Daß der Fagottwendung ein rhythmisch fixierter Schlußton fehlt, erlaubt ihre variierende Reihung in Takt 33–35. Dabei geht sie in die Klarinette über. In Takt 36–50 entfaltet sich die Wendung zu einer langgezogenen Melodie. Die rhythmischen Strukturen, die die melodische Bewegung begrenzen und ordnen, sind hier aufgelöst. Die einzelnen Elemente, die Terz als Rahmenintervall melodischer Einzelformen und die rhythmische Figur aus zwei Sechzehnteln und folgendem Achtel, erscheinen losgelöst von der festen Fügung. In Takt 51–52 wird die rhythmische Struktur wiederhergestellt. Der frei ausschwingenden Melodik entspricht die Begleitung in gebundenen Sextparallelen der Violine.

In Takt 52–53 erklingt in der Violine die Melodiewendung des Fagotts aus Takt 30–31. Die sich anschließende Melodik ist aus Elementen dieser Wendung und solchen der Sextparallelbewegung in Takt 36–50 zusammengesetzt. Letztere werden in Takt 61–62 zu den beiden sieben Achtel umfassenden Gesten umgeformt. Solche in sich geschlossene melodisch-gestische Einheiten sind in der Musik Strawinskys öfter zu beobachten. Hier stehen sie an der formal wesentlichen Stelle des Übergangs zum dritten Teil. In Takt 63–67 sucht die Violine gleichsam, aus der 7/8-Bewegung heraus in die in Dreiergruppen gegliederte Folge von Vierteln hineinzukommen. Dies ist in Takt 68 geschehen.

Im letzten Takt des Stückes wird eine Bewegung des lebenden Bildes in die Musik hineingenommen. Der Teufel berührt den Soldaten, und dieser läßt im Schreck den Bogen über die Saiten tanzen. Nur aus dem Ineinandergreifen der Bereiche des Spiels läßt sich dieser Takt verstehen.

Am Ende des ersten Teils der „Geschichte vom Soldaten“, in der Szene im Kontor, erklingt als „Musik der dritten Szene“ der Schluß dieses Stückes (T. 76–105), dem die drei letzten Töne der ersten Melodiewendung vorangestellt sind. Der letzte Takt mit dem szenischen Gestus fehlt natürlich. Wie schneidender Hohn erklingt das musikalische Bild der friedlichen Stimmung am Bach in dem Moment, in dem die Welt des Soldaten zerbrochen ist.

Musik der zweiten Szene

(42 Takte und 9 Takte am Schluß der Szene, Lento, M.M. ♩ = 48)
Besetzung: Clarinetto in Sib, Fagotto, Cornet à pistons in Sib, Violino, Contrabasso

Das Stück ist dadurch charakterisiert, daß die Musik nicht von bestimmten rhythmischen Modellen bestimmt wird und ihr auch keine pulsierende Begleitung zugrunde liegt. Die langgezogenen Melodielinien, die sich aus bestimmten Intervallstrukturen entfalten, ziehen gleichsam schwerelos über den Klanghintergrund, der wie eine zarte farbige Tönung wirkt.

Das Stück gliedert sich in zwei Teile: Takt 1–14 und Takt 15–43. Takt 1–3 entspricht Takt 15–18 (der Klang von Takt 17 wird in Takt 18 hinein verlängert), und Takt 7–14 entspricht Takt 36–43; dieser Abschnitt wird jedoch um eine kleine Terz nach oben transponiert und klanglich durch den Kontrabaß bereichert. In Takt 4–6 wird die Melodik von Takt 1–3 variierend weitergeführt, und Takt 19–35 ist ein eingeschobenes Mittelglied. Am Ende der zweiten Szene erklingt nochmals der Abschnitt Takt 6–14, ohne den akzentuierten Ansatz, aber wieder auf der ursprünglichen Tonhöhe.

In Takt 1–2 erklingt eine zweigliedrige Melodie in der Klarinette (Tafelbeispiel III A_1). Sie beginnt mit der ausgreifenden Triolenfigur h″–a′–e″, deren letzter Ton festgehalten wird. Dann folgt die als Vorschlag und fallender Sekundschritt geformte Wendung cis″–gis′–fis′. In der rhythmischen Folge: Impuls – Ausklingen sind die Wendungen analog gestaltet. Betrachtet man nur die Tonhöhen und reduziert dabei die aus dem Impuls resultierende Nonenspannung h″–a′ zu einer Sekunde, so zeigt sich ein intervallisches Gerüst aus zwei Ganzton-Quart-Strukturen, die um eine kleine Terz auseinandergerückt sind und zueinander im Verhältnis der Krebsumkehrung stehen (Tafelbeispiel III A_2). Aus den drei Intervallen Ganzton, Quart und kleiner Terz entfaltet sich die Melodik des Stückes, und der Terz kommt dazu noch die beschriebene Funktion in der formalen Disposition des Abschnitts Takt 6–14 (bzw. Takt 7–14) zu.

Die Wendung fis'–cis''–gis' im Fagott (T. 3) ist eine Variante der zweiten Klarinettenwendung, in der der fallende Schritt gis'–fis' zu einem steigenden umgekehrt wird. Sie wird in Takt 4 wiederholt und in der Sekundbewegung gis'–fis'–gis' weitergeführt. Zum Ton gis' tritt dabei der Ton fis'' in der Klarinette, zur melodischen Sekundbewegung der Septimklang: Das sukzessiv und das simultan erklingende Intervall sind komplementär. In Takt 6 setzt die Fagottmelodik wieder mit der Quarte cis''–gis' an, und nun entfaltet sich über der Sekundbewegung eine melodische Linie in der Klarinette, die vom Ton fis'' ausgeht und vom Intervall der kleinen Terz geprägt wird. Ihr Schlußton h' (T. 14) steht in Oktavbeziehung zum Anfangston des Stückes, und zu ihm erklingt im Fagott der Ton fis'. Der Quartklang beschließt den ersten Teil des Stückes, und zugleich ist fis' der letzte Ton der Klarinettenmelodie in Takt 1–2. Diese Beziehungen verdeutlichen, wie die einfachen intervallischen Konstellationen die Entfaltung der Melodik bestimmen.

In den Takten 1–4 tritt zu den melodischen Linien der färbende Klanghintergrund: In Takt 1–2 die große Septime c'–h' und in Takt 3–4 die Dezime g–h', dazu der Ton f' in Takt 2. Der Ton h' ist als weiterklingender Ansatzton der Melodie zu verstehen, und die anderen Töne bilden jeweils große Septimen oder kleine Sekunden zu den Melodietönen: c' zum Ansatzton h'', f' zum Schlußton fis' in Takt 2 und g zum Schlußton gis' in Takt 3. Der Klanghintergrund folgt den melodischen Wendungen und unterscheidet sich darin wesentlich von den Begleitbewegungen in anderen Stücken, die meistens einen oder mehrere Klänge unabhängig von der Melodikbewegung festhalten.

Die Melodie im Cornet à Pistons in Takt 19–21 beginnt mit der Septime cis'–h' und entspricht dann der Fagottmelodie in Takt 3 (Tafelbeispiel III B). Die aufsteigende Septime ist die Umkehrung der fallenden Non in Takt 1, und so zeigt sich, daß die wie eine neue Wendung aufklingende Cornetmelodie eine Variante der Anfangsmelodie des Stückes ist. Der Charakter des Neuartigen entspringt ihrer rhythmischen Formung. Statt der die Melodiewendungen vereinzelnden Struktur Impuls – Ausklingen herrscht nun ein übergreifender Zusammenhang, denn die Folge von zwei Vierteln und zwei Achteln und dann einer Halben und zwei Achteln bildet – im Gegensatz zur Notierung im 2/4-Takt – eine 3/4-Bewegung (vgl. die Klammern in Tafelbeispiel III B). Die 3/4-Bewegung verschwindet zwar in Takt 22, doch kehrt sie in Takt 32–35 wieder und erfaßt nun den ganzen Satz. Sie charakterisiert damit den in den zweiten Teil des Stückes eingefügten Abschnitt.

In Takt 22–32 entfaltet sich aus der Cornet-Wendung eine sich in mehreren Absätzen aufschwingende melodische Linie, die in Takt 26 von der Klarinette übernommen wird. In Takt 28 und 31 steigert sie sich zu einer verzierungsartigen Septolenfigur. In Takt 32–33 schlägt dieser Gestus ins Gegenteil um: Im Fagott erklingt eine fallende Melodiewendung in ruhiger 3/4-Bewegung (Tafelbeispiel III C). Der Umschlag ist an der Intervallstruktur abzulesen: In Takt 31 erklingt aufsteigend es″–b″–des‴, in Takt 32 fallend b′–f′–des′. Die Töne b und des sind identisch, und aus der steigenden Quinte wird die fallende Quarte. In Takt 34 greift die Klarinette die Melodik des Fagotts auf. Die 3/4-Bewegung bleibt noch erhalten, mit der drei Achtel umfassenden Figur in Takt 35 gleitet die Melodie jedoch wieder in die rhythmisch freie Bewegungsart zurück. Dort beginnt die transponierte Wiederholung von Takt 6–14.

Tonales Zentrum des Stückes ist H. Der Ton h′ erklingt als Achse des musikalischen Geschehens in Takt 1–4, Takt 15–18 und Takt 26–31, außerdem im Wechsel mit a′ in Takt 22–25 und Takt 34–43. Die zwei Dreitongruppen der ersten Melodie lassen sich dem Unter- und Oberdominantbereich von H zuordnen: e″–a″–h″ und fis′–gis′–cis′. In Takt 22–32 treibt die melodische Entwicklung nach b-moll, und in dieser halbtönig verschobenen Tonalität erklingt die Fagottmelodie. Die Begleitung der Streicher hält aber auch hier am H-Bereich fest.

Die „Musik der zweiten Szene“ schildert die Verzweiflung des Soldaten, als er sich aus seiner Heimat ausgestoßen sieht. Sie tut das aber nicht durch Abspiegelung von Gemütsbewegungen, sondern im Rückgriff auf gewisse typische Formeln, die mit dem Ausdruck der Klage verbunden sind. Nur zwei Beispiele aus dem Werk Strawinskys seien zum Vergleich genannt: aus „Les Noces“ (1914–1923) der Abschnitt „lamentando“ nach Ziffer 82 und aus den „Requiem canticles“ (1965–1966) das „Exaudi orationem meam“. Ferner läßt sich die Fagottmelodie in Takt 32–33 mit dem Klagegesang des Blödsinnigen am Schluß von Mussorgskys „Boris Godunow“ vergleichen (4. Akt, 2. Bild). Strawinsky will in seiner Musik kein Gefühl ausdrücken, sondern eine

Haltung darstellen; er geht nicht auf subjektive Einzelheiten ein, sondern bleibt bei der objektiven Situation.

KÖNIGSMARSCH

(139 Takte, M.M. ♩ = 112)

Besetzung: Clarinetto in Sib, Fagotto, Cornet à pistons in Sib, Trombone, Batterie, Violino, Contrabasso

Das Stück gilt als Beispiel musikalischer Parodie und Groteske. „Lächerlichmachen von Militanz und Pomp“ sei das Ziel der Musik (J. Engelhardt und D. Stern, siehe Literatur-Verzeichnis). Ob diese Intention wirklich vorliegt, bleibt zu fragen. Parodie und Groteske, die in der ästhetisch gewollten und hergestellten Ärmlichkeit enthalten sind, brechen hier aber besonders kraß durch, wo eine der Sphäre des Königshofes adäquate, repräsentative und wohlklingende Musik zu erwarten steht. Was die wenigen Instrumente von der fehlenden Klangfülle anzudeuten versuchen, erscheint durch die teilweise forcierte Klanggebung grell und unausgewogen.

Die formale Anlage des Stückes ist fünfteilig gemäß dem Schema: A (T. 1–38) – B (T. 39–67) – A′ (T. 68–91) – C (T. 92–102) – A″ (T. 103–139). Die tonale Disposition der Teile beruht auf Großterzbeziehungen. Die A-Teile stehen in B-Dur, das sich in Takt 68–91 nach C verschiebt, der B-Teil steht in G und der C-Teil in Des. Die relativ starke tonale Komponente des Stückes gehört zum imitierten Vorbild der Militärmärsche; sie ist Requisit. Melodische Einzelheiten können hier besonders deutlich als falsche Töne und mißratene Wendung in Erscheinung treten.

Die einzelnen Teile des Stückes lassen sich in Abschnitte unterteilen. Die ersten zehn Takte werden am Schluß wiederholt (T. 130–139) und bilden den Rahmen des Stücks. Sie werden von der melodischen Linie der Posaune geprägt, die sich in eine eigentliche Melodiewendung (T. 1–4) und folgende Achtelläufe gliedert (Tafelbeispiel IV A). Der Rest des ersten Teils gliedert sich in zwei Abschnitte (T. 11–23 und T. 27–38), die von der Fanfarenfigur in Takt 24–26 getrennt werden. Beide Abschnitte beginnen mit einer Melodie im Cornet à Pistons (T. 11–15 und T. 27–31, Tafelbeispiel IV B), die dem spanischen Paso doble nachgebildet ist; ihr folgt jeweils eine Variantenkette. Der zweite Teil beginnt mit einer aufsteigenden Dreiklangsmelodie im Fagott (T. 39–42, Tafelbeispiel IV C), die Fragmente der Cornetmelodie nach sich zieht. Die G-Tonalität wird vom Dreiklang g–h–d′ (T. 39–41) nach Dur und vom Halbtonschritt d″–es″ (T. 44–48) nach Moll gefärbt. Die auffahrende Figur in Takt 51–52 weist auf den vierten Teil des Stückes voraus, und in Takt 55–59 werden Formungen aus Takt 21–26 wiederholt; die Fanfare schließt diesen Teil ab. In Takt 60–67 wird eine aus dem Fanfarengestus hervorgehende Drehfigur im Fagott wiederholt, die sich in Takt 68 zum Ansatz der Cornetmelodie wandelt. Diese erklingt zu Beginn des dritten Teils (T. 68–73), gefolgt von einer Variante der Posaunenmelodie (T. 74–77, Tafelbeispiel IV D). Deren Fortsetzung führt zu den Läufen der Posaunenmelodik (T. 88–91), die den dritten Teil des Stückes beschließen.

Der vierte Teil ist die musikalische Verdeutlichung des lebenden Bildes. Er beginnt mit einem Trommelwirbel und dem in Takt 51–52 vorbereiteten auffahrenden Gestus: Der Vorhang geht auf. Man sieht den Teufel als Violinvirtuosen. Die Musik fällt ins Pianissimo zurück, und es erklingen die im Sinn eines Clichées ausdrucksvolle Tritonusmelodik (T.97–102, Tafelbeispiel IV E). In Takt 102 fällt der Vorhang wieder, und der fünfte Teil beginnt mit den Läufen der Posaunenmelodik, die somit das lebende Bild einrahmen (T. 88–91 und T. 103–107). Es folgt die Cornetmelodie und eine Variante der Posaunenmelodik (T. 113 –121). Takt 122–129 entsprechen Takt 19–26, und in Takt 130–139 folgt der das Stück abschließende Rahmen.

Die Satzstruktur in Takt 1–10 scheint zunächst das Spiel ungeübter Musikanten zu spiegeln, die bereits im Ansatz des Stücks auseinandergeraten sind und unbeirrt am falschen Weg festhalten. Das ist aber nur eine Seite der Sache. Die Posaunenmelodik beginnt mit einem fünf Achtel umfassenden Anstieg. Strawinsky setzt zum ersten Ton einen Begleitakkord, und da die Begleitung den Wert des Viertels markiert, fallen die nächsten Akkorde auf das dritte und fünfte Achtel, so daß der „überzählige“ Ton einen besonderen Akzent erhält. Würden die Akkorde, um mit den Vierteln in Takt 2–3 zusammenzufallen, zum zweiten und vierten Achtel des Anstiegs gesetzt, so zerfiele die Bewegung in drei kleine Auftaktfiguren. In Strawinskys Satz fällt wie auf den Anfangston auch auf den Schlußton der Melodik ein Begleitakkord, und dadurch entsteht der in sich geschlossene, scharf konturierte Abschnitt, der wie ein architektonischer Block das Stück eröffnet und beschließt.

Die Posaunenmelodik beginnt mit dem Sextaufstieg d–b und schließt mit seiner Umkehrung, dem Dezimabstieg d′–B. Zwischen ihnen stehen die dreitönigen Gruppen f–g–b und a–g–es, denen der Ton g gemeinsam ist. In Takt 1–4 bildet Strawinsky eine feste melodische Gestalt, die einen Ansatz – den Anstieg –, einen Kern – die vier Viertel b–f–g–b – und einen Schluß hat – die durch die zwei Achtel abgesetzte Tritonuswendung a–g–es. Diese Artikulation wird in Takt 5–6 in eine Achtelfolge aufgelöst. Dabei schrumpft der Kern der Melodie zur auftaktigen Achtelfigur f–g–b. Man sieht deutlich, wie Strawinsky Tonfolge und rhythmische Struktur als zwei getrennte Elemente behandelt. In Takt 7 führt der dem Ansatz in Takt 1 entsprechende, in genau gleicher Weise auf die Begleitakkorde bezogene Sextaufstieg f–d′ zum Hochton, mit dem die fallende Schlußbewegung beginnt.

Strawinsky zerlegt die so geschlossen wirkende Melodik in ihre Bestandteile, die melodische Gestalt und die Achtelbewegung. Im dritten Teil des Stückes stellt er sie voneinander getrennt auf (T. 74–76 und T. 88–91), im fünften rückt er sie in einer gegeneinander verschobenen Weise wieder zusammen (T. 113–121). Die Variante der melodischen Gestalt in Takt 74–76 steht in c-moll. Der Ansatz wird durch den Tritonus ges–c′ geschärft, der auch den Schluß prägt, und mit der Viertelbewegung steigt die Linie zur Mollterz es′ hinauf. Im Vergleich mit der Grundform läßt sich ein Moment des Pathetischen erkennen. Die Achtelbewegung in Takt 88–91 wird ausgeweitet. Sie beginnt auf dis, steigt bis zum as′ hinauf und fällt zum f, das in Takt 92 in den Trommelwirbel hineinklingt. In dem Schluß auf f kann man eine grotesk verzerrte Dominantform der Bewegung erkennen, die in Takt 10 und Takt 139 und auch in Takt 120 zum B führt. In Takt 113–115 und Takt 119–121 erklingt die melodische Gestalt wieder in der Grundform; in Takt 119–121 ist der Ansatz weggefallen und der abschließende Tritonus zur Terz as′–f′ abgemildert. Die Achtelbewegung beginnt, dagegen verschoben, auf e, steigt bis zum h und fällt dann, von der melodischen Gestalt überlagert, zum B hinab. Dieses Kompositionsverfahren kann man als Montage bezeichnen.

Der Kern der Melodie des Cornet à Pistons in Takt 10–11 ist die Tonfolge f″–e″–d″, die in Takt 12–15 über c″ zum b′ weitergeführt und dort mit dem rhythmisch profilierten Quartschritt b′–f′ abgeschlossen wird. Sie entspricht den letzten fünf Tönen der Posaunenmelodik (T. 9–10), die augmentiert und in das Gewand des Paso doble gekleidet wiederholt werden.

In Takt 16–21 und Takt 31–37 bildet sich eine Variantenkette. Die Melodie liegt in Takt 16–20 im Cornet à Pistons, in Takt 20–21 in der Posaune und in Takt 31–37 im Fagott:

Beisp. 2

Takt 16–21

Takt 31–37

In den ersten vier Gliedern der Kette wird die melodische Wendung, die auf Takt 5–6 zurückgeht (vgl. Tafelbeispiel IV A), schrittweise aufgelöst. Zuerst umfaßt sie sieben Achtel, dann sechs und dann fünf. In Takt 19 wird die Tonhöhe verändert: Die Erniedrigung des a′ zum as′ bringt die Melodik ins „Rutschen“. Da übernimmt die Posaune die Wendung, dehnt sich wieder auf sieben Achtel aus und öffnet ihre in sich kreisende Gestalt um Quintaufstieg f–c′. Dann bricht diese Kette ab. Nach der Fanfare und der Wiederholung der Cornetmelodie wird die Wendung nicht mehr verkürzt, sondern erweitert; die Achtelpausen zeigen die Auflösung des Zusammenhangs an. In Takt 31–33 wird die nun mit d′ beginnende Wendung nach dem Quartaufstieg zurückgebogen und um die abschließende Fanfarenfigur erweitert. Es folgt für sich die einen Halbton tiefer beginnende Auftaktfigur und dann die letzte, bis zur übermäßigen Quinte gedehnte Form der Wendung. Sie wird von einer zum zweiten Teil des Stückes führenden Linie im Cornet à Pistons überlagert (T. 36–38).

Die Betrachtung dieser Variantenkette zeigt einen anderen Aspekt von Strawinskys Kompositionsverfahren; er arbeitet hier mit kleinen Intervall- und Rhythmusgruppen. Die einzelnen Glieder der Kette erscheinen wie Mosaikbilder, die aus ähnlichen Steinen stets neu zusammengesetzt sind. Wesentliches, die Identität der Formungen gewährleistendes Element ist die aufsteigende Dreiachtelgruppe. Die Aufeinanderfolge der Glieder wirkt spielerisch und frei. Durch die zwei geschilderten Verfahrensweisen erschließt Strawinsky aus der einen Posaunenmelodik eine Fülle von Möglichkeiten.

Auch die im vierten Teil des Stücks erklingende Tritonusmelodik (T. 97–101) ist eine Variante der Posaunenmelodie. Rhythmische Elemente sind die vier Viertel aus Takt 2–3 und die fünf Achtel aus Takt 1. Ihre Anordnung ist so vorgenommen, daß die Viertel der Achtelbewegung sowohl vorausgehen wie folgen. An die Stelle des ersten Achtels tritt deshalb eine Pause. Die Achtelbewegung verliert den Charakter des Ansatzes und wird zum verbindenden Element, und dadurch gewinnt die ganze Formung einen in sich ruhenden, statischen Charakter. Gliedert sich die Posaunenmelodie in Takt 1–4 in Ansatz, Kern und Schluß, die dynamisch aufeinander bezogen sind, so sind hier zwei gleichgewichtige Formen nebeneinander gestellt. Die intervallischen Zusammenhänge zwischen Takt 1–4 und Takt 97–101 liegen ebenfalls auf der Hand: Die Quartmelodik b–f–g–b wird in die zwei Tritonusintervalle c″–fis″ und h′–f″ verwandelt – der Tritonus ist außerdem in der Tonfolge a–g–es (T. 4) enthalten –, und aus der Figur d–es–f–g–as–b wird bei Wegfall des ersten Tons die Figur b′–c″–des″–es″–f″. Im „Triumphmarsch des Teufels“ erklingt diese Melodik in den ersten drei Takten wieder. Was der Teufel hier im Königsschloß im leisen und „edlen“ Pianissimo spielt, geigt er dort im wilden Fortissimo. Hier erscheint er als Virtuose, dort als Sieger über den Soldaten.

Von den prägnanten melodischen Formungen läßt sich allein die Fagottmelodie in Takt 39–42 nicht in anschaulicher Weise auf die Posaunenmelodik zurückführen. Wie die Fanfare ist sie eine Form von Dreiklangsmelodik. In der Drehfigur im Fagott in Takt 60–67 wird die rhythmische Struktur, die mit der auftaktigen Dreiachtelgruppe der Posaunen- und Cornetmelodie zugeordnet ist, mit einer Dreiklangsbewegung verbunden.

Kleines Konzert

(149 Takte, M.M. ♩ = 120)

Besetzung: Clarinetto in La, Fagotto, Cornet à pistons, Trombone, Batterie, Violino, Contrabasso

Das „Kleine Konzert“ hat eine bogenförmige fünfteilige Anlage, die dem Schema A–B–C–B′–A′ folgt. Der *erste Teil* (T. 1–28) ist – zumindest in seinem ersten Abschnitt – von einer bestimmten 3/4-Bewegung und den festen Doppelgriffen der Violine geprägt. Der *zweite Teil* (T. 29–53) wird als Gegensatz dazu durch das Pianissimo der Bläser und die pulsierende Achtelbegleitung im Kontrabaß charakterisiert; er endet mit einer frei ausschwingenden Klarinettenfigur. Der *dritte Teil* (T. 54–94) wird von einer Melodie bestimmt, von der Strawinsky sagt, sie sei ihm im Traum erschienen (siehe unten); sie erklingt in vielfältigen Umwandlungen und wird mit anderen Formungen kombiniert. Der *vierte Teil* (T. 95–119) ist in groben Zügen dem zweiten zu vergleichen, obwohl die einzelnen Elemente anders ausgeformt sind. Auch hier erscheint in Takt 115–119 die Sechzehntelbewegung in der Klarinette und der Violine, jedoch nicht frei ausschwingend, sondern über die durchlaufende Begleitung gelegt. In Takt 120 beginnt der in sich zweigliedrige *Schlußteil.* Von Takt 134 an wird die rhythmische Struktur der Takte 120–133 ohne Veränderung wiederholt; in Takt 124–133 entspricht sie außerdem genau dem Anfang des Stückes (T. 2–11).

Die beiden Rahmenteile des Stückes stehen in einer nach Dur gefärbten A-Tonalität: der Kern der Doppelgriffe der Violine ist die Tonfolge cis″–h′–a′, und darüber erklingen in der Klarinette die Töne fis″–e″–e″. Der Mittelteil steht in D, das zu Beginn (T. 54 ff) nach Moll und gegen Schluß (T. 77ff) nach Dur ausgestaltet wird.

Strawinsky baut das Stück fast ausschließlich aus Material auf, das er auch in anderen Stücken der „Geschichte vom Soldaten“ verwendet. Im einzelnen handelt es sich um folgende Abschnitte:

1. Takt 1–8 entspricht, abgesehen von dem eingefügten Takt 4, den Takten 68–74 der „Musik der ersten Szene“.
2. Takt 29–36 erscheint im „Tanz des Teufels“ als Takt 63–70.
3. Takt 37–52 kehrt ebenfalls im „Tanz des Teufels“ wieder, als Takt 30–45; dort fehlt nur die Melodik der Holzbläser.
4. Takt 54–62 erscheint leicht variiert im „Tango“ als Takt 34–41 und Takt 60–66.
5. Takt 72–76 entspricht den Takten 97–101 im „Königsmarsch“.
6. Takt 89–90 erscheint in Takt 12–13 und Takt 19–20 im „Tanz des Teufels“.
7. Takt 95–104 entspricht den Takten 64–77 im „Marsch des Soldaten“; nur die fünf Achtel in Takt 100 sind durch das plötzliche Forte anders realisiert.
8. Die rhythmische Struktur in Takt 107–108 steht im „Marsch des Soldaten“ in Takt 48–49.

9. Takt 109–114 gleicht Takt 29–34 im „Marsch des Soldaten"; hinzugefügt ist die Schicht der Violine und die Figur der Klarinette, die an Takt 51–52 des „Königsmarsches" erinnert.

Man kann in diesen Zitaten eine Folge von szenisch-bildlichen Assoziationen erkennen, die hier im Zentrum der „Geschichte vom Soldaten" evoziert werden sollen. Dabei ist aber zu bedenken, daß der „Tango" und der „Tanz des Teufels" erst noch folgen; durch gegensätzliche Dynamik und veränderte Artikulation werden die einzelnen Zitate zudem noch meist verfremdet. Dies geschieht in spielerischer Freiheit, so daß eine kaleidoskopische Vielfalt entsteht.

Die Kombination so verschiedenartigen musikalischen Materials ist möglich, weil Strawinsky, wie ausgeführt, Melodik und Rhythmik als voneinander getrennte Dimensionen der Komposition auffaßt. Die rhythmischen Modelle der einzelnen Melodiewendungen gleichen sich in den Grundelementen der längeren und kürzeren Werte (Viertel und Achtel). Durch Umdisposition dieser Grundelemente lassen sich die rhythmischen Modelle ineinander überführen, und dann können die entsprechenden melodischen Wendungen ihnen aufgesetzt werden. Es handelt sich um dieselbe Verfahrensweise wie im „Marsch des Soldaten", nur bleiben dort die melodischen Wendungen gleich oder ähnlich, während sie hier die Vielfalt der ganzen Musik zur „Geschichte vom Soldaten" spiegeln.

Zur Melodie in Takt 54–56 erzählt Strawinsky: „Manchmal ist mir Musik im Traum erschienen, aber nur bei einer einzigen Gelegenheit war ich in der Lage, sie niederzuschreiben. Das war während der Arbeit an L'histoire du Soldat, und ich war vom Resultat überrascht und beglückt. In diesem Traum erschien mir nicht nur die Musik, sondern auch die Person, die sie spielte. Eine junge Zigeunerin saß am Straßenrand. Sie hatte ein Kind im Schoß, dem sie auf einer Geige etwas vorspielte. Das Motiv, das sie immer wiederholte, benötigte die ganze Länge des Bogens oder, wie man französisch sagt, ‚avec toute la longeur de l'archet'. Das Kind war von der Musik begeistert und klatschte in seine kleinen Hände. Auch ich freute mich sehr, freute mich besonders darüber, daß ich mich dieser Musik erinnern konnte. Mit großer Freude habe ich das Motiv in das Petit concert eingefügt." [Gespräche, S. 169]

Beisp. 3

Strawinsky löst die Melodie von dem Bild ab, mit dem zusammen sie ihm erschienen ist, und versetzt sie in ein ganz anderes Bild. Der Soldat tritt an die Stelle der Zigeunerin und die Prinzessin an die Stelle des Kindes. Die Melodie ist ein Material, das verschiedenen Bildern zugefügt werden kann. Hier wird der strikte Gegensatz zu Richard Wagner besonders eindrucksvoll deutlich. Es wäre Wagner wohl unmöglich gewesen, eine geschlossene Bild-Klang-Vorstellung in ihre Bestandteile zu zerlegen und diese in völlig anderen Zusammenhängen und getrennt voneinander weiterzuverwenden. Die einheitliche Vision Wagners erfordert das Aufgehen der einzelnen Dimensionen des Kunstwerks ineinander; Strawinsky hält sie auseinander.

Die Melodie, die Hermann Scherchen in wohl überspitzter Formulierung als „Dies irae" bezeichnet [Lehrbuch des Dirigierens, S.68], läßt sich in drei Elemente gliedern, die Achtel im ersten Takt, die synkopisch erscheinende Bewegung im zweiten Takt und die Viertel im dritten. Das dritte Element ist eine Variante des ersten: Die Achtel sind zu Vierteln zusammengefaßt, und dabei verschwindet der Nebenton e′. So bleiben zwei unterschiedliche Elemente übrig: Das eine besteht aus zwei gleichmäßigen Vierteln und ihren Unterteilungen und ist mit der Terz d′–f′ verbunden, das andere hat die rhythmische Struktur: unterteiltes Achtel – Viertel – Achtel und ist mit der Terz e′–g′ verbunden. So läßt sich die Melodie zu einer Variantenkette erweitern, in der taktweise das erste und das zweite Element abwechseln. Dies zeigt Strawinsky in Takt 57–58. Zuerst erklingt eine Variante von Takt 55, dann folgt die Wiederholung von Takt 54. Die als geschlossene Gestalt erscheinende Melodie wird schon bei ihrem ersten Erklingen in eine Variantenkette der Form a–b–a′–b–a umgewandelt. In derselben Weise ist auch der Abschnitt Takt 77–84 komponiert. Dabei tritt in Takt 77–78 und Takt 83–84 die melodische Ausformung ganz zurück; die rhythmische Struktur wird von einer begleitungsartigen Figur der Violine realisiert.

In Takt 85–88 läßt sich die Übereinanderschichtung zweier rhythmisch-melodischer Strukturen beobachten. Die eine Schicht wird vom Fagott gebildet, das in Takt 85–86 von der Violine begleitet wird. In dieser Schicht wird die in den vorhergehenden Takten gebildete Kette fortgesetzt, doch wird in Takt 85 das erste Element halbiert; es erklingen nur zwei Achtel anstelle von vier Achteln oder zwei Vierteln. Die Verschiebung erlaubt in Takt 88 die Auflösung der Kette: Das Viertel des zweiten Elements wird gedehnt, und dann folgen zwei Achtel, die zur rhythmischen Struktur der folgenden Bewegung überleiten. An dieser Stelle tritt die Violine wieder zum Fagott hinzu. Die zweite Schicht wird von Klarinette und Cornet à Pistons gebildet (T. 85–87). Sie beginnt mit zwei Achteln, und dann folgen zwei Viertel, ein Achtel und ein Viertel. Diese rhythmische Struktur ist schon in Takt 47–48 (Violine) zu beobachten und wird in Takt 89–90 von Klarinette und Cornet à Pistons wiederholt. Das erste Viertel der rhythmischen Struktur dieser Schicht trifft mit dem Viertel des zweiten Elements in der Kette der ersten Schicht zusammen:

Fig. 3 T. 85 T. 86 T. 87 T. 88

Beide Schichten werden als Terzmelodik realisiert. Im Fagott wechseln d′–fis′ und e′–g′, und in Klarinette und Cornet à Pistons erklingen die Terzparallelen fis″/d″–e″/cis″–d″/h′–e″/cis″.

Die Stelle ist ein Beispiel dafür, daß Abschnitte, die von verschiedenen Strukturen geprägt sind, nicht nur aneinandergereiht werden, sondern daß sich die Strukturen auch überlappen können. Dabei kommt es aber zu keiner Verschmelzung, durch die das Folgende aus dem Vorhergehenden hervorginge; die einzelnen Elemente bleiben vielmehr für sich bestehen.

Drei Tänze

Tango (73 Takte, M.M. ♩ = 80)
Besetzung: Clarinetto in La, Violino, Batterie
Walzer (114 Takte, vom Tango aus: ♪ = ♩ = 184–192)
Besetzung: Clarinetto in La, Fagotto, Cornet à pistons in La, Violino, Contrabasso
Ragtime (93 Takte, vom Walzer aus: ♩ = ♪)
Besetzung: Clarinetto in La, Fagotto, Cornet à pistons in La, Trombone, Batterie, Violino, Contrabasso

Die Folge von Tänzen beginnt mit einem Tango. Dieser 1910/11 aus Argentinien nach Europa gekommene Tanz galt als anrüchig. Der deutsche Kaiser verbot, ihn in Uniform zu tanzen, 1913 wurde seine Aufnahme in die Tanzordnung des Balles der Stadt Wien abgelehnt, und der Vatikan sowie der Generalprokurator von St. Petersburg erklärten ihn für unsittlich. Ein so verderblicher Tanz heilt die Prinzessin. Wen sich Ramuz als dem Spiel entsprechende Tänzerin vorstellte, geht aus einem Brief an Strawinsky hervor: „En outre M. Rosset m'a indiqué une ‚princesse' possible: c'est une petite actrice de café-concert." [Lettres, S. 357]. Der „Walzer" ruft die dritte Szene aus „Petruschka" in Erinnerung, in der die Ballerina vor dem Mohren tanzt, und damit die Sphäre von Jahrmarkt und Puppentheater.

Im „Ragtime" spiegelt sich Strawinskys Auseinandersetzung mit dem Jazz. Eine besondere Anregung dazu erhielt er von Ansermet, der seine eigenen Studien in dem 1919 erschienenen Artikel „Sur un orchestre négre" (in: La Revue Romande) zusammenfaßte. In diesem Aufsatz hebt er den charakteristischen synkopischen Rhythmus des Ragtime hervor. Dieses rhythmische Phänomen wird Strawinsky gereizt haben. Zwischen seinen rhythmischen Strukturen und den Synkopen des Jazz besteht aber ein fundamentaler Unterschied. Letztere sind Spannungs- und Ausdruckswerte, die sich als „off-beat" auf den stets gleichbleibenden Grundschlag der Musik („beat") beziehen. Für Strawinsky stellt die synkopische Folge einer kurzen, einer langen und einer kurzen Note ein originäres rhythmisches Gebilde dar, keine Abweichung von einem Grundmaß. Strawinsky kann daher wohl einen Gestus aus dem Jazz übernehmen, doch verfestigt sich dieser durch die Ablösung aus seinem Zusammenhang zu einem musikalischen Material, mit dem Strawinsky dann auf seine Weise arbeitet.

Die Auseinandersetzung mit dem Jazz schlägt sich noch im „Ragtime für elf Instrumente" (1918), der „Piano Rag Music" (1919) und dem „Ebony Concert" (1945) nieder; im Zusammenhang mit der „Geschichte vom Soldaten" ist auch noch der „Tango" für Orchester (1940) zu nennen. Es fällt auf, daß diese Stücke nicht dieselbe Durchschlagskraft wie die Tänze in der „Geschichte vom Soldaten" haben. Strawinsky hat das offenbar selber bemerkt und meint: „Mir fiel auf, daß, während die Ragtime in der Histoire so glatt integriert ist wie ein Menuett von Mozart, diejenige für elf Instrumente so zeitgebunden ist wie ein Waschbärmantel." [Erinnerungen und Gespräche, S. 53]

Die drei Tänze bilden eine Einheit. Sie werden alle – vom Soldaten – auf der Violine gespielt, zu der eine jeweils verschiedene Begleitung tritt, im „Tango“ abwechselnd Schlagzeug und Klarinette, im „Walzer“ Kontrabaß und Fagott sowie Klarinette und Cornet à Pistons mit einzelnen Wendungen und im „Ragtime“ alle Instrumente des Ensembles in wechselnden Kombinationen. Der Klang wird stufenweise bis zum Fortissimo am Schluß des „Ragtime“ gesteigert. Die Tänze sind nicht gegeneinander abgeschlossene Stücke, sondern gehen ineinander über. Der Schlußabschnitt des „Tango“ (T. 66–73) leitet zum „Walzer“ und dessen Schlußteil (T. 89–114) zum „Ragtime“ über; dieser schließt dagegen deutlich mit dem Quartschritt G–D (T. 93). Dies bedingt die formale Anlage der Stücke. „Tango“ und „Walzer“ sind vierteilig angelegt, der „Tango“ gemäß dem Schema A–B–A′–B+C (T. 1–33, T. 34–40, T. 41–59, T. 60–73), der „Walzer“ nach dem Schema A–B–A′–C (T. 1–32, T. 33–55, T. 56–88, T. 89–114), der „Ragtime“ aber fünfteilig als A–B–A′–B′–A (T. 1–15, T. 16–40, T. 41–63, T. 64–77, T. 78–93). Auch die tonalen Bereiche werden miteinander verbunden. Der „Tango“ steht in c-moll[9], von dem die B-Teile durch b-moll und fis-moll abgehoben sind. Der Schlußteil leitet von dort mit dem Tritonus cis′–g′ zum C-Dur des „Walzers“ über. Im Baß des Stückes wird diese Tonart über weite Strecken im Wechsel der Quinte C–G und der Quarte D–G geradezu primitiv festgehalten. Von Takt 103 an verschwindet C–G, und D–G wechselt mit D–A; dadurch wird die Tonart D-Dur des „Ragtime“ vorbereitet.

Als verbindendes Element zieht sich die Staccato-Doppelgriff-Figur der Violine durch die Tänze, die in der „Musik der ersten Szene“ den geigenden Soldaten charakterisiert. Sie erklingt im „Tango“ in Takt 3, Takt 13–14, Takt 19–20 und im Schlußabschnitt (T. 66–73). Im „Walzer“ erscheint sie in Takt 33–39, Takt 79–80 und Takt 89–97. Im „Ragtime“ hat sich ihr Charakter geändert: Sie ist nicht mehr gleichmäßig, sondern durch unterschiedliche Zusammenfassung der Sechzehntel zu kleinen Gruppen und scharfen Wechsel von Forte und Piano rhythmisch profiliert. So erklingt sie in Takt 20–36 und Takt 64–75. In dieser Form weist sie auf die Violinfiguren im „Triumphmarsch des Teufels“ voraus. Will man diesen Zusammenhang inhaltlich deuten, so kann man im „Ragtime“ einen Triumph des Soldaten sehen; die Prinzessin folgt seinem Spiel so, wie er am Ende dem Teufel folgen muß. Die Verbindung zwischen „Walzer“ und „Ragtime“ wird dadurch hergestellt, daß im Schlußabschnitt des „Walzers“ rhythmische und melodische Wendungen aus dem „Ragtime“ erklingen (vgl. etwa „Walzer“

T. 96–97 und „Ragtime“ T. 12 sowie „Walzer“ T. 103–105 und „Ragtime“ T. 45–46). Jedes der drei Stücke ist aus mehreren Elementen zusammengesetzt. Sie bilden einen vielgliedrigen Zusammenhang, in den die Tanzcharaktere Tango, Walzer und Ragtime verflochten sind.

Der Anfang des „Tango“ ist wie aus einzelnen Splittern zusammengesetzt. Erst zu Beginn des dritten Teils (T. 42–43) fügen sich die Wendungen aus Takt 1, Takt 5 und Takt 10 zu einer den Tanz charakterisierenden Melodie zusammen (Tafelbeispiel V A). Am Anfang unterbricht außer der Sechzehntelfigur (T. 3) die Melodie aus Takt 54 ff. des „Kleinen Konzerts“ die Tango-Melodik; sie erklingt in Takt 6–9 und Takt 11–12. In den B-Teilen (T. 34–40 und T. 60–65), die klanglich durch den Wechsel in der Begleitung vom Schlagzeug zur Klarinette abgehoben sind, tritt sie ganz in den Vordergrund. In Takt 13–20 wechseln Elemente der Tango-Melodik mit der Sechzehntelfigur, und erst in Takt 20–33 entfaltet sich die Tanzmelodik zu einem größeren Zusammenhang. Der Verlauf von Takt 17–33 kehrt im dritten Teil des Stückes in Takt 47–59 wieder, wobei in Takt 55–59 einige kleine Abweichungen gegenüber Takt 27–30 zu beobachten sind. Strawinsky notiert bei dieser Wiederholung denselben rhythmischen Verlauf auf zwei verschiedene Weisen. Dabei kann man an der Notierung ablesen, daß es sich im ersten Teil um verstreute Splitter handelt, die im dritten Teil zurechtgerückt erscheinen. Die einfache punktierte Figur der Terzparallelen c′/es′–d′/f′–es′/g′ ist in Takt 15–16 und Takt 17–18 so notiert, daß sie kaum zu erkennen ist, in Takt 48 steht sie dagegen klar im Takt. Dasselbe ist bei der Figur in Takt 19–20 und Takt 50 der Fall.

Der „Walzer“ ist mit dem Walzer im dritten Teil von „Petruschka“, in dem Strawinsky zwei Zitate von Joseph Lanner miteinander kombiniert[10], und mit der „Valse pour les petits lecteurs du Figaro“ (1917) zu vergleichen, die am 21. Mai 1922 von der Zeitung veröffentlicht wurde [abgedruckt in: E.W. White, Strawinsky, S. 209 f.] In „Petruschka“ läßt Strawinsky die vier- und achttaktige Ordnung des Walzers im wesentlichen unangetastet, in der „Valse pour les petits lecteurs du Figaro“ verschwindet dagegen an zwei Stellen die Viertaktstruktur, und die Melodie scheint sich in sich selber zu drehen.

Im „Walzer“ der „Geschichte vom Soldaten“ erklingen über dem mechanisch ablaufenden Walzerbaß zwar wie Zitate wirkende geschlossene Viertaktgruppen als Elemente der metrischen Ordnung, ein dieser Ordnung gemäßer Zusammenhang wird aber durch stets neue Eingriffe in die Struktur zerstört. Der erste Teil (T. 1–32) zerfällt in drei Abschnitte (T. 1–10, T. 11–25 und T. 26–32), die jeweils mit einer Viertaktgruppe beginnen. In Takt 1–4 erklingt die erste Walzermelodie (Tafelbeispiel V B_1). Ihre Fortsetzung bricht in Takt 7 ab, und es folgt eine Achtelbewegung, die eine Variante der die Tänze verbindenden Staccatobewegung ist. Sie reicht bis in Takt 9 hinein, und in Takt 10 bleibt allein die Begleitung übrig. In Takt 11–14 erklingt wieder die erste Melodie, gefolgt von einer zweiten charakteristischen Walzermelodie (T. 15–18, Tafelbeispiel V B_2). Die Achtelbewegung in Takt 18 ist eine in die metrische Ordnung eingefügte Variante der Bewegung von Takt 7–8. In Takt 19–24 folgt ein Spiel mit melodischen Elementen, das sich in zwei Dreitaktgruppen einteilen läßt. Danach wird die Bewegung, auch die Begleitung, mit zwei Forte-Schlägen abgebrochen. In Takt 26–28 erklingt der Melodieansatz aus Takt 15–17, dem in Takt 29–32 die Melodie aus Takt 5–8 angefügt wird, über die in Takt 32 eine Wendung im Cornet à Pistons gelegt wird.

Der dritte Teil des Stückes (T. 56–88) hat schematisch dargestellt folgenden Aufbau:

Takt 56–59 entspricht Takt 15–18.

Takt 60–74 entspricht Takt 1–14, wobei Takt 68 eingefügt ist, in dem die Cornetwendung aus Takt 32 erklingt.

Takt 75–78 ist eine Variante von Takt 15–18.

Takt 79–80 ist eine Unterbrechung; über der Walzerbewegung erklingt plötzlich eine synkopische Struktur.

Takt 81–88 ist eine Variante von Takt 15–22.

Die vorliegenden Abschnitte werden neu disponiert; Strawinsky arbeitet gleichsam „Mit der Schere“.

Im „Ragtime“ verfährt Strawinsky mit den Viertaktgruppen in gleicher Weise wie im „Walzer“. In Takt 1–8 stellt er die Tanzmelodie mit den charakteristischen Synkopen im zweiten, vierten und sechsten Takt auf (Tafelbeispiel V C_1). Takt 10, der zweite Takt der folgenden Viertaktgruppe, wird um ein Achtel verkürzt, und die den ersten Teil des Stückes abschließende Gruppe umfaßt nur drei Takte (T. 13–15). Im Schlußteil des Stückes (T. 78–93), der dem ersten Teil entspricht, verschiebt Strawinsky nach den ersten acht Takten die Elemente gegeneinander. Der Melodieansatz des neunten Taktes erklingt zuerst im Cornet à Pistons (T. 86) und dann quasi imitatorisch in der Violine (T. 87). Die Imitation wird aber um ein Achtel vorgezogen, und so verschiebt sich die folgende punktierte Bewegung. Sie wird ausgedehnt, und die in Takt 11 eingefügte synkopische Wendung verschwindet. Der Quartschnitt des Schlusses ist durch eine Achtelpause von der punktierten Bewegung abgesetzt; so wirkt er nachdrücklicher als in Takt 15.

Im zweiten Teil (T. 16–40) entfernt sich die Bewegung der Violine von der Ragtime-Struktur. In Takt 18–19 sind die Synkopen noch vorhanden, doch von Takt 20 an wird der konstitutive 2/4-Takt aufgegeben. In Takt 22–25 erscheinen zwei neue Elemente: ein aufsteigender Quartgang im Fagott und eine fallende Dreiklangsfigur in der Posaune (Tafelbeispiel V C_2). Der Rhythmus der Fagottfigur – zwei Achtel, ein Sechzehntel, ein Achtel, notiert als 7/16-Takt – erscheint als stolpernde Vierachtel-Bewegung, ist aber eine durchaus eigenständige Struktur. Eine solche Struktur ist etwa in Takt 85–87 des „Kleinen Konzerts" zu beobachten (siehe oben S. 33). In Takt 26–31 spielt die Violine allein, in Takt 34 und Takt 36 erklingt nochmals die Fagottfigur, und in Takt 37–40 kehrt die Bewegung zum 2/4-Takt zurück. Die beiden Abschnitte Takt 22–25 und Takt 26–31 kehren in vertauschter Reihenfolge im vierten Teil des Stückes wieder (T. 64–75); die Violine wird hier vom Schlagzeug begleitet. Die Takte 76–77 leiten zum Schlußteil über; sie entsprechen in dieser Funktion den Takten 39–40.

Der Mittelteil des Stückes (T. 41–63) ist wieder von der Ragtime-Melodik geprägt, die in verschiedenen Formen und Brechungen erklingt. In Takt 52, Takt 54 und Takt 63 verwendet Strawinsky das Posaunenglissando als markantes, die Jazz-Sphäre hervorhebendes Element.

Tanz des Teufels

(73 Takte, Allegro, M.M. ♩ = 138)
Besetzung: Clarinetto in Sib, Fagotto, Cornet à pistons in Sib, Trombone, Violino, Contrabasso

Nach den drei westlichen Tänzen folgt ein Tanz, in dem die russischen Elemente – wuchtiger Klang und rhythmische Strukturen – im Vordergrund stehen. Hier erscheint der Teufel als wirklicher (Märchen-)Teufel mit Hörnern und Schweif.

Das Stück hat vier Teile. Der erste, in sich zweigliedrige Teil (T. 1–29) ist zu Beginn von Akkordblöcken und Sechzehntelbewegungen geprägt. Der zweite Teil (T. 30–49) entspricht, abgesehen von den vier Schlußtakten, dem Abschnitt Takt 37–52 des „Kleinen Konzerts". Im dritten Teil (T. 50–62) werden die Formungen vom Beginn des Stückes aufgegriffen und neu zusammengestellt. Der vierte Teil (T. 63–70) entspricht den Takten 29–36 des „Kleinen Konzerts". Dann bricht die Bewegung plötzlich ab, und nach einer Achtelpause beginnt mit Sforzato-Piano-Ansatz ein Tremoloklang, der im Crescendo zum scharf abgerissenen Fortissimo-Schluß führt. Man kann dies von der szenischen Situation her verstehen: Vom Soldaten gezwungen, tanzt der Teufel so lange, bis er nicht mehr kann. Plötzlich bleibt er zitternd stehen und fällt dann um. Sein Aufschlagen auf den Boden ist in den beiden Achteln von Posaune und Schlagzeug auskomponiert. Die Schluß-Quarte entspricht aber auch dem Schluß des „Ragtime". Das Stück steht in G; vor allem durch die Sechzehntelfiguren wird die Grundtonalität nach Moll gefärbt.

In Takt 1–4 erklingen zwei Akkordblöcke und zwischen ihnen eine auffahrende und wieder zurückfallende Sechzehntelbewegung, die ihrem Ende zu synkopisch gebremst wird:

Beisp. 4

Diese Struktur ist mit den Takten 97–101 im „Königsmarsch" und dem Beginn des „Triumphmarsches des Teufels" zu vergleichen. Zwischen den Akkordblöcken erklingt an den beiden Stellen die aufsteigende Figur aus fünf Achteln, hier die fünf Viertel umfassende Bewegung. Allerdings entspricht ihr synkopischer Schluß – zwei Viertel und ein Achtel – in der Ausdehnung jener Figur. Die drei Stellen werden vom Tritonusklang geprägt. Im „Königsmarsch" folgen die Tritonusintervalle c″–fis″ und h′–f″ aufeinander, im Klang zu Beginn des „Tanzes des Teufels" werden h–f′ und as′–d″ kombiniert, und im „Triumphmarsch des Teufels" erklingt zuerst a′–es‴ in der Violine und dann *As*–d′ in Violine und Kontrabaß. Dasselbe Klangelement erscheint jeweils verschieden. Im „Königsmarsch" wirkt der Tritonus wie eine Andeutung von Edelkitsch, im „Tanz des Teufels“ entsteht eine dichte Klangballung, und im „Triumphmarsch des Teufels“ wird das Intervall weit auseinandergezogen. Daß der zweite Akkordblock im „Königsmarsch“ vier Viertel umfaßt, hier drei und im „Triumphmarsch des Teufels“ fünf, bezieht sich auf den Zusammenhang, in dem die Stellen stehen.

In Takt 5–7 wird der Ansatz von Takt 1–3 wiederholt. Anstelle des zweiten Akkordblockes folgt in Takt 8–11 eine noch weiter ausgreifende Sechzehntelbewegung. In Takt 12–17 steht eine den ersten vier Takten analoge Struktur. Anstelle der starren Akkordblöcke erklingt jetzt eine Bewegung in Dreiklangsparallelen mit der rhythmischen Struktur: zwei Viertel, Achtel, Viertel, Achtel und Viertel (die beiden letzten Viertel sind in Achtel aufgelöst, doch ist die Struktur durch die Bindebögen und die Akzente deutlich zu erkennen). Die Sechzehntelbewegung zwischen den beiden Wendungen wird jetzt nicht synkopisch abgefangen. Zwischen Takt 1–4 und Takt 12–17 sind die rhythmischen Ausformungen vertauscht. Zu Beginn erklingen die Akkorde in gleichmäßigen Vierteln, während die sie verbindende Bewegung den Wechsel von Viertel- und Achtelwerten zeigt; in Takt 12–17 ist dieser Wechsel mit den Akkorden verbunden, während die verbindende Bewegung gleichmäßig verläuft:

Fig. 4

Takt 1–4

Takt 12–17

Im dritten Teil (T. 50–63) werden die beiden Bestandteile der Anfangsgestalt, die Akkorde und die Bewegung, voneinander gelöst. In Takt 50–58 erklingt dreimal hintereinander die Sechzehntelbewegung, wieder mit dem synkopischen Schluß, und in Takt 59–62 folgen vier Akkordblöcke. Die Balance der Gestaltung, die in Takt 1–4 und Takt 12–17 aus der formalen Anlage A–B–A hervorgeht, wird zu einer bloßen Reihung (B–B–B–A–A–A–A). Möglicherweise kann man dieser Verminderung der formalen Disposition einen inhaltlichen Sinn geben: Der

Teufel ist schon erschöpft und tanzt nur in blinden Wiederholungen einer Figur.

Kleiner Choral – Grosser Choral

(8 Takte und 29 Takte, Largo, M. M. ♩ = 54)
Besetzung: Clarinetto in La, Fagotto, Cornet à pistons in La, Trombone, Violine, Contrabasso

Am Höhepunkt der Handlung – der Böse ist überwunden, der Gute hat seinen Lohn: Der Soldat hält die Prinzessin in den Armen – erklingt der „Kleine Choral“. Die Frage, ob hier eine bloße Parodie vorliegt, ist nicht einfach zu beantworten. Das Stück muß unter verschiedenen Blickwinkeln gesehen werden.

Die imaginierte Kapelle der Wanderbühne hat für Höhepunkte jeder Art einen Choral als passende oder unpassende Musik im Repertoire und versucht, ihn mit den beschränkten Mitteln so gut als möglich zu realisieren. Wie im Zerrspiegel erscheint so die in der Musik des 19. Jahrhunderts oft zu beobachtende Anwendung von Chorälen oder Choralfloskeln an Höhepunkten, in einer Musik also, der der Choral nicht mehr Realität, sondern ein mit erhebenden Gefühlen befrachteter Gestus war. In diese Richtung weist das Streichertremolo, das dem Choral einen Klanghintergrund gibt. In ihm spiegelt sich der Topos des auratischen Streichertremolos (Wagner, Bruckner), das allerdings durch das Fortissimo der beiden Solostreicher disproportioniert erscheint. Außerdem ist die Melodie dem Choral „Ein feste Burg ist unser Gott“ nachgebildet, der zum Urbild des protestantischen Chorals stilisiert wurde:

Beisp. 4

„Kleiner Choral“

Ein feste Burg

Der „falsche“, verzerrte Choralsatz (Tafelbeispiel VI A) wirkt ebenfalls wie eine Parodie. Die Dissonanzen scheinen mit einer geradezu boshaften

Ausdrücklichkeit gesetzt, so etwa die Sekundparallelen der Unterstimmen in Takt 3 oder die Nonparallelen der Oberstimmen in Takt 6–7. Man wird an die Choräle von Erik Satie erinnert, etwa an den „Choral inappétissant“ aus den „Sports et Divertissements“ (1914) oder den „Choral hypocrite“ aus dem „Choses vues à droite et à gauche“ (ebenfalls 1914), zu dem Satie bemerkt: „Mes Chorals égalent ceux de Bach avec cette différence qu'ils sont plus rares et moins prétentieux.“

Strawinsky karikiert jedoch nicht nur einen Choral. Das Stück ist zugleich von einer Vorstellung von Bläserklang getragen, die etwa in der Kantate „Swesdoliki“ (1911) oder den „Bläserstücken“ (1920) zu beobachten ist, in Werken also, die durchaus ernst gemeint sind. Im „Kleinen Choral“ wird diese Dimension der Musik allerdings durch den Fortissimo-Klang gleichsam übertönt, sie tritt aber im Verlauf des „Großen Chorals“ immer deutlicher zutage. Die Bruchstücke des polyphonen Satzes gehen im feierlichen Klang auf.

Vergleicht man die beiden in Beispiel 4 nebeneinandergestellten Melodien, so wird deutlich, daß die Melodie des „Kleinen Chorals“ keine bloße Verzerrung ist, sondern einem eigenen Bauprinzip folgt. Sie ist aus drei Elementen zusammengesetzt, dem Quartschritt d''–a', der Drehbewegung innerhalb der Terz h'–d'' und dem Schlußton, cis'' als Halbschluß und h'' als Ganzschluß. Faßt man den Quartschritt des Anfangs und die Schlußtöne als Formen eines ruhenden Elements und die Drehfigur als bewegtes Element auf, so kann man eine ähnliche Reihungsstruktur feststellen wie in der Melodie in Takt 54–58 des „Kleinen Konzerts“ (siehe oben S. 31 f. und Beisp. 3). Die Melodie spannt deshalb keinen Bogen wie „Ein feste Burg ist unser Gott“, sondern kreist in sich. Dieser Charakter wird im „Großen Choral“ deutlich, in dem die Oktavtransposition des zweiten Melodieteils wegfällt.

Im vierstimmigen Satz des „Kleinen Chorals“ tauchen die Elemente der Melodie in dichtem, scheinbar streng polyphonen Gefüge auf. Die Drehbewegung erscheint in Takt 3–4 im Baß und zugleich in Diminution und Umkehrung im Alt. Bruchstücke von ihr sind im Alt in Takt 6–8 und im Tenor in Takt 6–7 zu erkennen. Der Quartschritt erscheint zweimal am Ende des Stücks im Baß in Umkehrung. Die polyphone Struktur ist aber nur Schein, denn die einzelnen Linien führen den Satz nicht weiter. Die Wendungen kreisen in sich und sperren sich gegen einen übergreifenden Bewegungszug. Eine echte polyphone Entfaltung ist auch gar nicht gemeint, denn die Vorstellung von Bläserklang, auf die das Stimmengefüge projiziert wird, enthält das Moment des Statischen, des hieratisch Erstarrten.

Betrachtet man die einzelnen Melodiezeilen des „Großen Chorals" (Tafelbeispiel VI B), so bemerkt man die wechselnden Konstellationen der beiden melodischen Elemente, des Quartschritts und der Drehbewegung. In der zweiten und vierten Zeile verbinden sie sich zu neuen melodischen Linien, in der dritten und fünften Zeile sind sie auseinandergerückt, wobei die Drehbewegung zusammenschrumpft. In der letzten Zeile wird die melodische Linie schließlich auf den Ganztonschritt a′–g′ reduziert. Die rhythmische Parallelität zu Beginn der zweiten und dritten Zeile (T. 5–6 und T. 10–11) sowie nach der Fermate in der vierten und zu Beginn der fünften Zeile (T. 17–18 und T. 21–22) spiegeln den auf Analogie beruhenden Choralduktus; sie sind nicht mit den rhythmischen Modellen in anderen Stücken Strawinskys zu verwechseln.

Der „Kleine Choral" steht in D-Dur. Vielleicht stehen die Trompeten-Sätze J.S. Bachs in D-Dur im Hintergrund (man denke etwa an das „Gratias agimus tibi" aus der h-moll-Messe; vgl. dort T. 27–29 und T. 32–34). Der „Große Choral" steht in G-Dur. Die Quintstufung entspricht der Rücknahme der Dynamik vom Fortissimo zum Forte. Die zweite Zeile des „Großen Chorals" schließt in C-Dur, die dritte in D-Dur, die vierte in A-Dur, die fünfte in D-Dur und die letzte kehrt nach G-Dur zurück. So spannt sich über die verschwimmenden Linien des Stückes der Bogen, den die Schlußklänge der einzelnen Zeilen bilden.

Der „Choral" steht im zweiten Teil der „Geschichte vom Soldaten" an der Stelle, die der „Musik der zweiten Szene" im ersten Teil entspricht. Dort herrscht tiefste Verzweiflung, hier höchstes Glück. In beiden Stücken bestimmen nicht rhythmische Strukturen, sondern melodisch-lineare Bewegungen das Geschehen. Zwar steht der „Kleine Choral" in klanglich-melodischer Hinsicht in diametralem Gegensatz zur „Musik der zweiten Szene", gegen Ende des „Großen Chorals" läßt sich aber eine gewisse Verwandtschaft der Musik erkennen. Man vergleiche etwa die Takte 21–25 des „Großen Chorals" mit den Takten 32–35 der „Musik der zweiten Szene". Nicht das Detail, aber der Gestus der Musik ist ähnlich. Die musikalische Ausdrucksform, die aus der Arbeit mit den beiden Elementen Linie und Klang, ohne eine rhythmische Struktur, hervorgeht, ist dieselbe.

Couplet des Teufels

(39 Takte, M.M. ♩ = 120–126)

Besetzung: Cornet à pistons, Trombone, Violino, Contrabasso Batterie

Das „Couplet des Teufels" gleicht dem Mittelteil des „Marsches des Soldaten" in seiner zweiten Form. Auch hier wird rhythmisch fixiertes Sprechen über eine pulsierende Begleitung gelegt. Die Begleitbewegung liegt hier in den Streichern und besteht im C-Dur-Dreiklang, und dazu erklingen als Melodiefragmente die Anfangswendung aus dem „Marsch des Soldaten" in der Posaune und die Fanfarenfigur im Cornet à Pistons. Erstere beginnt mit dem Ton d und schließt mit des, die Fanfarenfigur steht in A-Dur. Beide Wendungen stehen unvermittelt zum Klanghintergrund und wirken wie aufgeklebt. Sie verdeutlichen die formale Anlage des Stücks. Der erste Teil (T. 1–15) wird mit der Posaunenwendung abgeschlossen (T. 12–15), die auch die Begleitung zum Anhalten bringt. In Takt 16 erklingt frei die Fanfare. Das Ende des zweiten Teils (T. 17–32) markiert die Fanfare, und die Posaunenwendung bildet in Takt 36–39 den Schluß des Stückes. Die Posaunenwendung ist dabei in Takt 14–15 und Takt 38–39 mit dem rollenden „r" der Worte „retombera" und „rôtira" verbunden, die Fanfare mit dem klingenden Vokal von „à bout".

Die Verbindung von gesprochenem Text und Musik im „Couplet des Teufels" bezeichnet eine – ästhetisch fingierte – Mangelsituation: Der Darsteller des Teufels kann nicht singen. Obwohl äußerlich ein Melodram vorzuliegen scheint, bezeichnet man das Stück wohl angemessener als defizienten Modus eines einfachen Liedes.

Triumphmarsch des Teufels

(113 Takte, M.M. ♩ = 112)

Besetzung: Clarinetto in Sib, Fagotto, Cornet à pistons in Sib, Trombone, Batterie, Violino, Contrabasso

Der musikalische Vorgang im letzten Stück der „Geschichte vom Soldaten" ist demjenigen im ersten Stück genau entgegengesetzt. Im „Marsch des Soldaten" baut sich im Verlauf des Stückes aus einzelnen rhythmischen und melodischen Elementen ein struktureller Zusammenhang auf, verbunden mit einer Steigerung der Klanglichkeit bis zum instrumentalen Tutti. Der „Triumphmarsch des Teufels" beginnt dagegen mit einer im Fortissimo erklingenden geschlossenen Struktur, die im Verlauf des Stückes so weit aufgelöst wird, daß am Schluß allein das Schlagzeug mit seiner scheinbar ungeordneten Bewegung übrig bleibt.

Die Rücknahme des Klanges läßt sich am formalen Aufbau des Stücks verfolgen. Es ist dreiteilig angelegt (T. 1–41, T. 42–80 und T. 81–113), und der zweite und dritte Teil sind verkürzte Wiederholungen des ersten. Im ersten Teil wechseln Tutti-Abschnitte (T. 1–3, T. 16–18 und T. 28–29) und Violinsoli (T. 4–15, T. 19–27 und T. 30–39); die letzten beiden Takte führen zum Beginn des zweiten Teils. Die Tutti-Abschnitte haben die aus Takt 97–101 des „Königsmarsches" bekannte Form (siehe oben S. 26). Sie wird stufenweise verkürzt. In Takt 3 umfaßt der zweite Akkordblock fünf Viertel, in Takt 18 vier Viertel, und in Takt 28–29 ist er verschwunden. Der erste Akkordblock umfaßt dort nur drei Viertel, und die Pause, die die Achtelbewegung von ihm trennt, ist verschwunden. Schon im Verlauf des ersten Teils werden Klänge entfernt.

Das Violinsolo beginnt mit einer Sechzehntelbewegung, über der eine Fanfarenfigur im Cornet à Pistons erklingt (T. 6–7). Diese Figur und die signalartigen Tonwiederholungen in Takt 40–41 erinnern an den „Marsch des Soldaten". In Takt 8–15 folgt eine Melodik, die an die Melodiefloskel in Takt 7–10 der „Musik der ersten Szene" erinnert (Tafelbeispiel VII). Die einzelnen Elemente, der Ansatz mit zwei Sechzehnteln, die Dreiachtelfigur und die zwei Viertel vor dem Schlußton, sind zu erkennen, ihr Zusammenhang ist aber aufgelöst. So entsteht aus der ruhigen Melodie ein wildes Geigenspiel, in dem die melodischen Splitter durcheinandergewirbelt werden.

Im zweiten Teil des Stückes sind gegenüber dem ersten die Takte 16–18 und 28–29 ausgelassen. Strawinsky schneidet die schon im ersten Teil gegenüber dem Anfang des Stückes verkürzten Stellen, an denen der Klang in den Vordergrund tritt, völlig heraus. In Takt 79–80 fügt er den Wert von drei Vierteln hinzu, in denen die signalartigen Figuren der Holzbläser weitergeführt werden.

Im dritten Teil werden die ersten sieben Takte des Stückes gestrichen. In Takt 81–84 erklingt die Melodik aus Takt 8–11 in den Bläsern, und bis zu Takt 89 entspricht die rhythmische Struktur des Verlaufs derjenigen bis zu Takt 15, abgesehen von zwei Änderungen. Zum einen steht in Takt 84 ein Achtel weniger als in Takt 11 (durch die unterschiedliche

Notierung der beiden Stellen kann man diesen Eingriff leicht übersehen), und zum anderen wird der Takt 87 hinzugefügt. In Takt 85–86 erklingt zum ersten Mal in dem Stück das Schlagzeug allein als Träger des musikalischen Geschehens. Die Bewegung der Violine wird unterbrochen. Von Takt 90 an wird der Wechsel vom Klang zum Geräusch immer deutlicher; die Violine spielt nur noch einzelne Fragmente. Die rhythmische Struktur in Takt 90–94 entspricht derjenigen in Takt 20 (vom dritten Achtel an)–25; die Parallelität ist aber nicht mehr unmittelbar nachzuvollziehen. Deutlich wird sie etwa in den beiden Vierteln in Takt 22 und Takt 91 sowie dem ersten Viertel in Takt 25 und Takt 94. In Takt 96–97 erklingt im Pianissimo der Bläser die Folge von vier Vierteln, verbunden mit dem Tritonusklang, wie ein Echo aus weiter Ferne.

Der Schlagzeug-Bewegung in Takt 100–113 liegt ein rhythmischer Kern zugrunde, der aus fünf Achteln besteht, von denen das vierte in Sechzehntel oder Sechzehnteltriolen unterteilt wird. Diesem Kern kann noch ein Achtel vorausgehen oder folgen. In Takt 104 und 110 erscheint die in der Notierung hervorgehobene Dreiachtelgruppe; in Takt 105 folgt ihr die Krebsform des rhythmischen Kerns. Der ganze Abschnitt baut sich folgendermaßen auf:

Fig. 5

Dieser rhythmische Kern ist bereits in der Violinmelodik in Takt 8–9 zu erkennen, wenn man die ersten beiden Achtel in Takt 8 nicht berücksichtigt. In Takt 10 folgt die Dreiachtelfigur wie in Takt 104 und Takt 110 (vgl. Tafelbeispiel VII):

Fig. 6 

Der Schluß des Stückes wird erreicht, indem die Bewegung durch eine Achtelpause unterbrochen und die Sechzehnteltriole mit dem folgenden Viertel als Schluß-Stein gesetzt wird.

Die Grundtonalität des Stückes ist C. Sie tritt jedoch nicht deutlich hervor, da der Klang durch kleine Sekunden und Tritonusintervalle einen hohen Dissonanzgrad hat. Der Dissonanzklang geht dann in den Geräuschklang des Schlagzeugs über.

Die Musik zur „Geschichte vom Soldaten“ und die Konzertsuite

In einer tabellarischen Übersicht sei die Aufeinanderfolge der Stücke im Rahmen des Spiels und als Konzertsuite gegenübergestellt. Die Grundtonalität wird mit einem Buchstaben angegeben (große Buchstaben: nach Dur neigend, kleine Buchstaben: nach Moll neigend).

Spiel	*Konzertsuite*
Marsch des Soldaten A	Marsch des Soldaten
Musik der ersten Szene a/A	Musik der ersten Szene
Marsch des Soldaten A	
Musik der zweiten Szene h	Musik der zweiten Szene
Musik der dritten Szene a	
Marsch des Soldaten A	
Königsmarsch B	Königsmarsch
Kleines Konzert A	Kleines Konzert
Drei Tänze c–C–D	Drei Tänze
Tanz des Teufels g	Tanz des Teufels
Kleiner Choral D	Kleiner Choral
Couplet des Teufels C	
Großer Choral G	Großer Choral
Triumphmarsch des Teufels c	Triumphmarsch des Teufels

Bis zum „Kleinen Konzert“ bleibt A/a die bestimmende Tonalität, von der nur die „Musik der zweiten Szene“ und der „Königsmarsch“ abweichen. Mit den wechselnden Charakteren der Tänze und des Chorals wechselt auch die Tonalität; D und g/G gewinnen eine stärkere Bedeutung. Das Schluß-Stück führt aus der Tonartenfolge hinaus in das Geräusch.

Da in der Konzertsuite die Wiederholungen des „Marsches des Soldaten“ und der „Musik der ersten Szene“ entfallen, verschiebt sich die Tonartenfolge, und die Bedeutung des Zentrums A tritt zurück. Die refrainhaften Wiederholungen im Spiel spiegeln zudem den inneren Aufbau der Stücke aus Einzelteilen. Diese Korrespondenz geht in der Konzertsuite verloren.

Bei der Betrachtung der „Geschichte vom Soldaten" standen die rhythmischen Strukturen der Musik im Mittelpunkt des Interesses. Damit soll aber nicht die Etikettierung unterstrichen werden, Strawinsky sei der „Rhythmiker" und habe diese Dimension der Musik weiterentwickelt, während Schönberg die Schranken der tonalen Bindung überwunden habe. Solche Einteilungen sind immer prekär, wenn nicht falsch, da sie die Musik in säuberlich voneinander geschiedene Einzelfächer zerlegen und jedem von ihnen einen „großen Meister" zuordnen. Rhythmus bedeutet bei Strawinsky etwas ganz anderes als in der traditionellen europäischen Musik, und so ist es schon verfehlt, von „dem" Rhythmus zu sprechen, den Strawinsky weiterentwickelt hätte.

In der traditionellen europäischen Musik beziehen sich die rhythmischen Strukturen – und zwar sowohl die Detailstrukturen wie die größere Zusammenhänge übergreifenden rhythmischen Bewegungszüge – auf die Basis einer vorgegebenen Ordnung des Zeitverlaufs, auf das Taktprinzip. Aus der Folge eines schweren und eines leichten Schlages bildet sich ein Takt, diesem entspricht ein zweiter, ihnen eine weitere Zweitaktgruppe, und diese vier Takte werden durch weitere vier zu einer Achttaktgruppe ergänzt. Seine Entsprechung und Ergänzung findet ein solches rhythmisches und formbildendes Gefüge in dem Klanggefüge der Kadenz. Auf Grund dieser Ordnung entsteht eine Erwartungshaltung, die die jeweilige rhythmische und melodisch-klangliche Konkretion aufnimmt und beurteilt. Diese gilt dabei als die vom Komponisten als subjektive Aussage geleistete Bewältigung des Zeitverlaufs. Daraus resultiert die Forderung nach Originalität, nach stets neuer, ihrer Einmaligkeit bewußter Aussage.

Bei Strawinsky ist die Situation ganz anders. Für ihn gibt es keine Auseinandersetzung mit der Zeit in dem Sinn, daß er einen musikalischen Gestus als subjektiven Ausdruck in einen geordneten Zeitverlauf einfügen müßte. Zeit ist vielmehr in den einzelnen Elementen eingeschlossen, mit denen er arbeitet. Seine Viertel und Achtel gewinnen nicht erst in Beziehung auf ein Grundmaß ihren Sinn, sondern sind kleine Zeitteilchen. Reiht er sie aneinander, so entsteht ein Zeitablauf, der dem Material selber anhaftet. Strawinsky bezeichnet einen solchen

Zeitablauf als objektiv und meint damit, daß es in ihm keine Möglichkeit für eine aus subjektivem Ausdrucksbedürfnis entspringende Abweichung gibt. Ersetzt er an einer Stelle ein Viertel durch ein Achtel, so verändert er die Struktur des Zeitablaufs, bringt aber keine Abweichung gegenüber einer übergreifenden Ordnung an. Eine gleichmäßig pulsierende Bewegung, die als Begleitungsschicht den rhythmischen Strukturen unterlegt wird, verhält sich neutral im Bezug auf die rhythmische Ordnung. Der Pulsschlag mißt zwar den Zeitablauf, strukturiert ihn aber nicht.

Die rhythmische Ordnung der Musik schlägt sich nicht im Notenbild nieder, da dieses dem Taktprinzip entspricht und ein Taktwechsel Ausdruck einer rhythmischen Irregularität ist. Strawinskys Musik hörend und lesend, muß man sich von der Taktordnung frei machen. Dann versteht man den Komponisten, wenn er immer wieder betont, seiner Musik liege eine strenge Ordnung zugrunde. In der „Poétique musicale", den Vorlesungen, die er 1939/40 an der Harvard University gehalten hat, formuliert er: „Ich für meine Person bin stets der Ansicht gewesen, daß es zweckmäßiger ist, mit Analogien als mit Kontrasten zu arbeiten. Die Musik kräftigt sich in dem Maße, wie sie den Verführungen der Mannigfaltigkeit entgeht. Was sie an zweifelhaften Reichtümern verliert, gewinnt sie an wahrer Festigkeit." [Leben und Werk, S. 183]. Welch' einen sicheren Reichtum gewinnt Strawinsky aber im Spiel mit den festen Ordnungen!

I 1. Charles Ferdinand Ramuz, Erinnerungen an Igor Strawinsky, S. 92–99.

Die Geschichte vom Soldaten *entstand etwas später, und zwar unter ganz anderen Voraussetzungen und eigentlich mehr aus Gründen der Zweckmäßigkeit. Es war im Jahre 1918; niemand wußte, wann der Krieg zu Ende gehen würde. Die Grenzen um uns herum wurden immer strenger geschlossen, wobei es nicht ausblieb, daß Strawinsky in eine immer schwierigere Lage geriet. Das Russische Ballett trat einstweilen nicht mehr auf; die Theater spielten nicht oder wenigstens so gut wie gar nicht. Ich selber blieb auch nicht verschont und hatte sehr darunter zu leiden, daß ich, wie man im Geschäftsleben sagt, keine „Absatzmöglichkeiten" mehr finden konnte. Und ich erinnere mich, daß wir, Strawinsky und ich, uns eines Tages nicht ohne Naivität (ungefähr) sagten: „Warum es dann nicht einfach machen? Warum nicht gemeinsam ein Stück schreiben, das keinen großen Saal, kein großes Publikum braucht; ein Stück, dessen Musik beispielsweise nur wenige Instrumente erfordern würde und das nur zwei oder drei Personen hätte? (Diese Rechnung war völlig falsch, wie man sich denken kann, – und man wird gleich sehen, warum.) Da es kein Theater mehr gibt, würden wir unser eigenes Theater haben, das heißt also eigene Dekorationen, die man mühelos in jedem beliebigen Raum und sogar im Freien aufstellen könnte; wir würden die alte Tradition der Gauklerbühnen, der Wandertheater, der Jahrmarktstheater wieder aufnehmen ... Man könnte auf diese Weise ein sehr verschieden geartetes Publikum erfassen, und dazu noch ohne zu große Unkosten ..." Die* Geschichte vom Soldaten *entstand aus solchen praktischen Erwägungen, sie sollten jedenfalls praktisch sein – und waren es wenig. Die* Geschichte vom Soldaten *sollte ein Geschäft sein, und zwar ein gutes Geschäft: sie ist niemals ein gutes Geschäft gewesen, und eigentlich überhaupt kein Geschäft. Ich glaube jedoch, daß sie gerade der besonderen Eigenart der Voraussetzungen, die sie in unseren Augen zu einer gewissen Unbefangenheit berechtigten, Dank schuldig ist. Ihr Verdienst (wenn sie eins hat) ist, daß sie nicht von ästhetischen Voraussetzungen ausgegangen ist, daß sie nicht der Ausdruck einer Doktrin sein wollte, daß sie nichts von einem Mani-*

fest hat, daß sie alles dem Zufall verdankt. Ein Stück (im weitesten Sinn) schreiben, das leicht zu spielen wäre, das uns gehörte (trotz oder wegen der besonderen Umstände); die Gegensätzlichkeit der besonderen Umstände sozusagen in eine Hilfe verwandeln, die diese, ohne es zu ahnen, uns leisten würden: so ist die Geschichte vom Soldaten *ein Stück der besonderen Umstände gewesen (im Plural) und in sehr maßgeblicher Weise aus ihnen geboren, was die Zuschauer natürlich nicht verstehen konnten (die Erklärung war zu einfach). Wir waren nur jeder bemüht gewesen, dabei das zu bleiben, was wir waren, und einen Erfolg zu erzielen, ohne der eigenen Persönlichkeit Gewalt anzutun. Da ich kein Theaterfachmann war, hatte ich Strawinsky den Vorschlag gemacht, nicht ein Stück im eigentlichen Sinn, sondern besser eine „Geschichte" zu schreiben, und ich machte ihm klar, daß man den Begriff Theater in einem viel umfassenderen Sinn anwenden könnte, als man es für gewöhnlich tut, und daß das Theater sich zum Beispiel sehr gut für das eignet, was man den erzählenden Stil nennen könnte (ich glaube das heute noch). Strawinsky hatte beschlossen, seine Musik so einzurichten, daß sie vom Text völlig unabhängig wäre, daß sie als „Suite" gelten und als solche in Konzerten gespielt werden könnte. Nun mußte nur noch der Stoff gefunden werden: nichts war leichter. Ich war Russe: der Stoff würde russisch sein; Strawinsky war (damals) Waadtländer: die Musik würde waadtländisch sein. Wir brauchten nur gemeinsam in einem Band des riesigen Sammelwerkes eines berühmten russischen Fokloristen zu blättern, dessen Namen ich vergessen habe; und unter so vielen volkstümlich genannten Themen, in denen der Teufel fast immer die Hauptrolle spielte, fesselte uns alsbald aus den verschiedensten Gründen das Thema vom Soldaten und seiner Geige (einer der Gründe war gerade der fehlende Zusammenhalt der Geschichte). Ich hatte sofort an jene Hosen aus Schafsleder gedacht, die damals unsere Trainsoldaten trugen, und es mußte geradezu prächtig sein, wenn einer von jenen Soldaten mit seinem Tornister am Ufer eines unserer Flüsse säße, wobei man vermuten konnte, er befände sich im Herzen Rußlands, und dann müßte er Geige spielen, so, als ob das Instrument amtlich zur Ausrüstung des eidgenössischen Soldaten gehörte. Strawinsky seinerseits hatte in seinem kleinen musikalischen Ensemble der Posaune und dem Ventilkornett, die für all unsere Fanfaren beliebt waren, einen wichtigen Platz eingeräumt; einen wichtigeren noch der großen Pauke, der klei-*

nen Pauke, den Rührtrommeln, den Schallbecken, denen die Fanfaren nicht weniger zugetan sind.

O weh, als das Stück erst einmal geschrieben war (Musik und Text) – und es wurde schnell geschrieben –, bemerkten wir, daß die Schwierigkeiten erst anfingen. Die Geschichte vom Soldaten *existierte bereits (jedenfalls auf dem Papier): sie mußte nun aber auch aufgeführt werden, denn wir hatten sie nur geschaffen, damit sie aufgeführt werde. Gewisse musikalische und dramatische Werke benügen sich gern damit, nur im Buchhandel vorhanden zu sein und nur durch Vermittlung des Verlages dem Publikum zugänglich gemacht zu werden: Die* Geschichte vom Soldaten *kam in unserer Vorstellung mehr durch mündliche als durch geschriebene Wiedergabe zur Wirkung: es war also ratsam, sie direkt auf Auge und Ohr wirken zu lassen, und zu diesem Zweck waren in erster Linie Dekorationen nötig. Hierin hatten wir Glück: der Maler René Auberjonois kümmerte sich um sie (und um die Kostüme); durch einen glücklichen Zufall hatten wir sogar einen Dirigenten, da Ansermet für uns gewonnen war; – aber die Musiker, die Schauspieler? ... Wir bemerkten ein wenig spät, daß es am praktischsten gewesen wäre, bei unserer Arbeit im Rahmen der üblichen Kunstform zu bleiben, das heißt also, im Rahmen des Gewohnten, wie es dem Publikum und auch denen, deren Beruf es ist, das Publikum zu unterhalten, geläufig ist; – daß die Einführung von Neuerungen, selbst wenn es ein „Vereinfachen" bedeutet, auch sofort alles komplizierter macht. Wir hatten nur ein ganz kleines Orchester von sieben Musikern, aber es ergab sich, daß diese sieben Musiker, und zwar gerade deshalb, weil es nur sieben waren, notwendigerweise auch Solisten sein mußten. Wir sahen uns plötzlich Personen gegenüber, die ganz gewiß keiner bestimmten Kategorie von Schauspielern angehörten, weil sie alle Kategorien vertraten, obwohl ihrer nur drei waren; – aber zuerst war da der Vorleser, eine immerhin neue Art von Darsteller (der Vorleser wurde wie durch ein Wunder gefunden, dazu noch der beste aller Vorleser); dann war da der Soldat, der meistens, ohne etwas zu sagen, auf der Bühne steht; es gab den Teufel, der bald Mann, bald Frau war, der zugleich jede Spezies Mensch war, das heißt also, daß er nicht nur Schauspieler, sondern auch Pantomimendarsteller sein mußte; dann war da schließlich noch die Prinzessin, die selber nichts sagte, die aber tanzte (gegensätzliche Kunststile, sich widersprechende Kunststile).*

Die Uraufführung der Geschichte vom Soldaten *hat trotzdem ohne allzu große Verzögerungen im September 1918 in Lausanne stattgefunden: wir haben dies jeder nur möglichen Art von Mithilfe und Aufopferung zu verdanken, was ich hier nur andeuten kann, aber die Erinnerung daran erfüllt uns immer wieder mit tiefer Ergriffenheit. Elie Gagnebin, der von Beruf Paläontologe ist, war der Vorleser. Der Teufel wurde von zwei Schauspielern gespielt; für einen von ihnen, Jean Villard, der später zu Copeau kam, wurde dieser Abend, ohne daß er es wußte, der Beginn seiner dramatischen Laufbahn. Der Soldat war ein Student: Gabriel Rosset. Die andere Hälfte des Teufels (wenn ich so sagen darf) spielte George Pitoew und die Prinzessin Frau Pitoew (zum Glück beide noch in Genf, und sie hatten sich bereitwillig mit den Anforderungen zweier Rollen abgefunden, die ein wenig über ihre Befugnisse, nicht aber über ihre Befähigung hinausgingen). Die Klarinette, der Kontrabaß, die Trompete kamen aus Zürich; die Violine kam aus Genf, andere Instrumente kamen wieder von anderswoher. Ansermet war vom Berge herabgestiegen. „An Ort und Stelle" hatte man eigentlich nur den Maler finden können, und es waren beinahe nur die Autoren gewesen, die nicht (oder kaum) ihren Wohnsitz verlassen mußten.*

2. Igor Strawinsky, Leben und Werk, S. 75, Z. 6–35 und S. 76, Z. 24–33.

Mit großem Eifer ging ich an die Arbeit, wobei wir uns immer vor Augen halten mußten, daß der Apparat für die Aufführung, über den wir verfügen durften, nur sehr bescheiden war. Ich machte mir auch keine Illusionen über die Tatsache, daß ich für die musikalische Wiedergabe nur mit sehr wenig Ausführenden rechnen konnte. Das einfachste wäre gewesen, wenn ich ein polyphones Instrument, Klavier oder Harmonium, gewählt hätte. Das letztere jedoch kam nicht in Frage, weil seine Dynamik so dürftig ist, daß sie keine klaren Akzente zuläßt. Das Klavier ist zwar als polyphones Instrument unendlich viel differenzierter, und besonders auf dem Gebiet des Dynamischen bietet es zahlreiche Möglichkeiten, aber auch auf dieses Instrument mußte ich verzichten, und zwar aus zwei Gründen: entweder hätte meine Partitur wie eine Klavierbearbeitung gewirkt, was einen ärmlichen Eindruck gemacht hätte – und das lag keineswegs in unserer Absicht –, oder ich hätte das Klavier als Soloinstrument behandeln und alle technischen Möglichkeiten ausnutzen müssen, das heißt anders ausgedrückt, ich wäre gezwungen gewesen, meine Partitur ganz klaviermäßig zu bearbeiten und aus ihr ein Virtuosenstück zu machen, um die Wahl des Instruments zu rechtfertigen. Ich sah also keine Lösung, als mich auf eine kleine Anzahl von Instrumenten zu beschränken, eine Besetzung, in der von den instrumentalen Gruppen jeweils die repräsentativen Typen, die hohen wie die tiefen, vertreten sind: von den Streichern also Violine und Kontrabaß; von den Holzbläsern die Klarinette – weil sie das größte Register hat – und das Fagott; vom Blech Trompete und Posaune und endlich Schlaginstrumente, soweit sie von einem einzigen Musiker bedient werden können, das alles, wohlverstanden, unter der Leitung eines Dirigenten. Diese Lösung war für mich besonders anziehend auch um des Interesses willen, das sie für den Zuschauer bietet, der die einzelnen Musiker ihre konzertante Rolle ausüben sieht.

Aus diesen Überlegungen heraus kam mir die Idee, mein kleines Orchester für die „Geschichte vom Sodaten" in voller Sicht neben der Bühne aufzubauen und auf der anderen Seite eine kleine Estrade für den Vorleser vorzusehen. Diese Anordnung kennzeichnet genau das Nebeneinander der drei wesentlichen Elemente des Stücks, die, eng miteinander verbunden, ein Ganzes bilden sollen: in der Mitte die Bühne mit den Schauspielern, flankiert auf der einen Seite von der Musik, auf der anderen vom Rezitator. Nach unserem Plan sollten diese drei Elemente bald einander das Wort abwechselnd überlassen, bald sich wieder zu einem Ensemble vereinigen.

II *Kritiken zur deutschen Erstaufführung des Werkes*

1. Paul Bekker, Kammermusikwoche „Neue Musik" in Frankfurt, Kammermusikwoche vom 17. bis 24. Juni, in: Musikblätter des Anbruchs V, 1923, S. 118, Z. 42–S. 190, Ende.

Strawinskij: „Geschichte vom Soldaten"

Die Bühne wird zum wirklichen Jahrmarkt. *Auf einer Seite baut sich das Orchester auf, sieben Instrumente in willkürlich greller Zusammenstellung: Flöte, Klarinette, Fagott, Kornet, Posaune, Geige und*

Kontrabaß, dazu Schlagzeug verschiedensten Formates. Auf der anderen Seite der Erzähler, am Tisch sitzend und von Zeit zu Zeit die Kehle anfeuchtend. Er berichtet die Moritat vom Soldaten, der auf der Urlaubswanderung am Grenzpfahl den Teufel trifft, ihm mit der Geige die Seele verkauft, ein reicher, aber – wie die Erzählermoral warnend betont – doch armer Mann wird, schließlich den Teufel betrügt, die Königstochter gewinnt und ein herrliches Leben führt, bis ihn das Heimweh nach der Vergangenheit packt, er den verbotenen Grenzweg überschreitet und zuguterletzt doch vom Teufel geholt wird. So lautet die Geschichte, die der Erzähler zur Unterhaltung und Erbauung der Zuschauer berichtet und in die das Orchester schildernd und bekräftigend eingreift. Zwischen beiden steht die Puppenbühne, auf der das Erzählte in dialogisch belebten Bildern vorgeführt wird.

Das ist der von dem Schweizer Poeten Ramuz geschaffene äußere Rahmen und das Geschehen. Es kommt nichts hinzu, der Charakter des Kasperle-Spieles bestimmt das Ganze, also auch die zweite Hälfte, die scheinbar in sentimentale Gebiete übergreift. Man denkt sich die Vorführung am besten als Marionetten-Theater oder muß zum mindesten dieses als Muster nehmen. Dann kommen die beiden Grundelemente richtig zur Geltung, die für die künstlerische Gestaltung bestimmend waren: die Dämonie der Groteske, dargestellt: im Handlungsspiel der Tanzfiguren.

Vom Musiker aus gesehen eine Ballettangelegenheit, aber auf das kleinste Format des visuell Vorganghaften beschränkt, nur noch Punkte und Striche hervorgehoben, jegliche Geschlossenheit der Handlungslinie aufgelöst. In einer einzigen Szene kommt noch der Ballettursprung deutlich zum Vorschein: im Tanz der Königstochter. Hier verdichtet sich auch die Musik plötzlich zur klaren, rhythmisch in einheitlicher Grundbewegung entwickelten Form von einer bestrickend süßen, phantastischen Märchenschönheit der Melodielinie und schmeichelnden Zartheit des tänzerischen Gesanges. Der anschließende Teufelstanz dann ist das parodistische Gegenstück. Alles übrige ist – zunächst vom Sichtbaren gesprochen – schärfste Abbreviatur, nur noch Andeutung eines Begebnisses. Man hat keine Zeit auch nur zu pantomimischen Darstellungen, Gesten oder gar Aufzügen und Gruppen-Ensembles. Man hat überhaupt keine Zeit zu irgend etwas Zusammenhängendem, sei es selbst nur der szenische Aphorismus. Man markiert ihn und geht weiter.

Auch die Musik hat keine Zeit. Formen und Klänge werden wie von einer unsichtbaren Hand zusammengedrückt und ineinandergeschoben, sie passen dann nach landläufiger Ansicht nicht mehr recht zu einander, aber man hat sozusagen in einem *Augenblick den Aufriß und Inhalt dessen, was sonst Gegenstand und Inhalt der sogenannten Entwicklung ist. Wozu entwickeln und in eine lästige Breite gehen? Man setzt Anfang, Mitte und Ende in einem Zusammenklang schräg übereinander, so hat man das Ganze ohne unnötigen Zeit- und Gefühlsaufwand. Das was im hergebrachten Sinne Linie heißt, wird dabei überflüssig. Die Melodie wird verschwiegen, es wäre eine Banalität und gar zu umständlich, sie auszusprechen. Auch von ihr bleiben nur leicht hingeworfene Reste, willkürlich herausgegriffen: wenn der Soldat auf seiner Geige spielt und verlorene Klänge durch die Luft zu schweben scheinen. Harmonie, die Kunst der klanglichen Perspektive, ist ein Spaß aus der Vergangenheit, mit wundervoller Ironie in lyrisch schmelzendem D-dur, aufstrahlend bei der hochzeitlichen Umarmung, im feierlichen Choral arg zerzaust und zerquetscht, im Anfangsmarsch und der burlesk pompösen Festmusik des Königshofes jämmerlich verhöhnt und aller schönen Kadenzierungen beraubt. Es bleibt nur der* Rhythmus, *in dessen unerschöpflicher Mannigfaltigkeit und Vielgliedrigkeit die positiv zu fassende Kraft dieser Musik lebt. Auch dieser Rhythmus ist schärfste Abkürzung, aber in ihr fließt der innere Strom, in dessen Treiben der Klangspuk des übrigen wie ein Vexierbild aufschimmert.*

Das ungefähr ist der unmittelbare Eindruck. Über Genialität oder Infantilität des Komponisten zu streiten ist eine Aufgabe für Professoren, ebenso, ob in der Formgestaltung dieser Musik Potenz oder Impotenz zutage tritt. Etwas anderes ist es, wenn man nach Art und Natur der Kraft fragt, die sich hier ausspricht. Daß das Parodistische des Gehabens nur Mittel, nicht Zweck ist, wäre zunächst zu betonen. Das weitere gehört vielleicht ebenso in das Gebiet der Kulturpsychologie wie der Musikästhetik. Es ist eine große Müdigkeit in dieser Bescheidung auf das nur noch Alleräußerste des Notwendigen. Aber es ist darin auch eine gewaltige Reinigung von Schwall und Bombast leergelaufener Formeln und als kritische, zur Erfassung nur des Letztwesentlichen führende Anregernatur steht Strawinskij außerhalb jeder Debatte.

Für den Erzähler setzte Karl Ebert *als Gast seine klangvolle*

Sprechkunst ein, bildhaft und ausdrucksstark im Vortrag, nur namentlich im zweiten Teil statt des erforderlichen falschen ein echtes Pathos gebend. Der Erzähler ist hier nicht lyrischer Evangelist, sondern Jahrmarktsbarde. Fritz Odemar *(Soldat), Hermann* Schramm *(Teufel) und Ilse* Petersen *(Prinzessin) stellten die Bilder, die Richard* Weichert *arrangiert hatte, Hermann* Scherchen, *virtuos unterstützt von den Instrumentalsolisten, hatte die musikalische Leitung. Ihm, dem die Anregung zur Aufführung zu danken ist, sowie allen Mitwirkenden wurde für ihre ausgezeichneten Leistungen reicher Beifall zuteil und auch innerlich Widerstrebende mögen sich der wagemutig ausgeführten künstlerischen Tat bewußt geworden sein.*

2. Theodor Wiesengrund Adorno, Neue Musik –
Sieben Kammerkonzerte in Frankfurt am Main,
in: Zeitschrift für Musik 90, 1923, S.315, 1.Sp. Z.52–Sp.2 Z.41.

Igor Stravinskys *„Histoire du soldat“, als Mittelstück der ganzen Veranstaltung geboten, mußte enttäuschen. Das umfängliche Werk ist als Mischform zwischen musikalischer Pantomime, szenischem Dialog und melodramatisch grundierter Vorlesung ausgedacht. Die Worte von C.F.* Ramuz *geben, vielfach an Märchenmotive anklingend, die Geschichte des Soldaten, der dem Teufel um ein Reichtum bringendes Buch Geige und Seele verschachert, dem Reichtum entsagt, den Teufel überlistet, die Königstochter sich erfiedelt und schließlich am Kreuzweg doch noch vom Gottseibeiuns hinabgeholt wird. Der ganz unnaive Dichter greift den Stoff mit allerlei symbolistischen Absichten auf, für die er aber auch schon nicht mehr naiv genug ist, und da er es einmal nicht vermag, den einfältigen Vorwurf mit der Vielfalt seiner Seele auszufüllen, so wird ihm die Einfalt zur Parodie der Vielfalt, und die Parodie verfälscht er wieder mit einem kokett-infantilen Sentimentalismus. Was aus diesem unreinen Erzeugnis seine musikalische Form vielleicht hätte finden können: die irrsinnige Verzweiflung der Leere, die aus ihrem hoffnungslosen Kompliziertsein keinen Ausweg weiß als das Primitive, und die es doch zugleich aus ihrer Verkomplizierung heraus belachen muß – das hat bei Stravinsky keine Form gefunden. Wohl schaltet auch hier seine ursprüngliche Klangphantasie, es stampft seine Rhythmenwucht, noch der Witz zeigt sein* *erstaunliches Können; aber das Orchester bleibt stets unter der Zweckrichtung der Parodie, ohne daß auch nur offenbar würde, was eigentlich parodiert werden soll, bis man entdeckt, daß die Musik sich nur über ihr eigenes Dasein lustig macht und damit das eigene Dasein preisgibt. Stravinskys Parodie hatte einen Sinn, als er in besessener Übersteigerung der Mittel den Impressionismus auflöste und der Musik neues Eigenrecht ertanzte; nun aber zeigt es sich, daß es ihm an Wesenhaftigkeit gebricht, um aus dem Negativen herauszutreten, und wäre es auch nur aus dem Negativen der artistischen Polemik ins Negative des menschlichen Sichverhaltens; in ganz undämonischer Leere läuft die Parodie weiter, die alten Formen sind zerbrochen, die formlose Seele labt sich an den Ruinen. Vive Stravinsky, vive Dada! – er hat das Dach eingerissen, nun rinnt ihm der Regen auf die Glatze. Dreimal wird es Musik: bei der zerbrochenen Abenteuerlichkeit des Beginns, in der fliegenden Szene der Prinzessin, im rasenden Knattern des Endes. Sonst aber bleibt es bei Pariser Künstlerfest, Zigarettendunst und Bürgerschreck; als trister Bohemeulk mag es passieren, ernst genommen ist's musikalische Zivilisationsliteratur. – Daran vermochten die Dekorationen von* Auberjonois, *Richard* Weicherts *Regie,* Scherchens *vorzügliche musikalische Leitung nichts zu ändern; auch nicht* Hindemiths *phantastisches Geigenspiel.*

[1] geb. 1883 in Vevey, gest. 1969 in Genf, Mathematiker und Dirigent. Ansermet wurde 1915 als Nachfolger von Pierre Monteux zum Dirigenten des Russischen Balletts von Diaghilew gewählt. Er brachte mehrere Werke Strawinskys zu dessen völliger Zufriedenheit zur Uraufführung. 1918 gründete er das Orchestre de la Suisse Romande, das er bis 1967 leitete.

[2] geb. 1878 in Cully-sur-Lausanne, gest. 1947 in Pully. Seine Haltung als bewußt dem Waadtland verhafteter Dichter bestimmte sowohl die Sujets seiner Erzählungen, die zumeist dem Leben der Bauern im Wallis und am Genfer See entstammen, wie die Verwendung besonderer dialektgefärbter Sprachformen. Werke: Romane (Aimé Pache, 1911; Derborence, 1934, u.a.), Aufsätze (Raison d'Etre, 1914; Besoin de Grandeur, 1937, u.a.), Tagebuch.

[3] geb. 1889 in Maison-Laffitte, gest. 1963 in Milly-la-Forêt. Er war in vielfältiger Weise als Dichter und Schriftsteller tätig und wirkte vor allem als Anreger auf fast allen Gebieten der Kunst. Er verfaßte zahlreiche Bühnenwerke, Romane, Essays und kunstphilosophische Aufsätze

[4] geb. 1866 in Honfleur, gest. 1925 in Paris. Er lebte zunächst als Barpianist am Montmartre und als Komponist in der pseudo-mittelalterlichen Welt der Rosenkreuzer. Dann löste er sich davon, studierte von 1905 bis 1908 Kontrapunkt an der Schola Cantorum und trat nach zehnjähriger Unterbrechung wieder als Komponist hervor. Sein bekanntestes Werk ist das Ballett „Parade“ (1917); ferner sind verschiedene Klavierstücke und das Kammeroratorium „Socrate“ (1918) zu nennen.

[5] Das Cornet à Pistons ist ein aus dem Posthorn entwickeltes, zwischen Trompete und Flügelhorn einzugliederndes Instrument, das im 19. Jahrhundert als „unentbehrliches Soloinstrument bei Kontretänzen, Gallopaden, Variationen und anderen Kompositionen zweiten Ranges“ Verwendung fand (so H. Berlioz in seiner Instrumentationslehre) und im Jazz eine große Rolle spielte, bevor es bald nach 1920 von der Jazztrompete verdrängt wurde. Dem Instrument haftet also der Charakter niederer Musik an, und gerade dies nimmt Strawinsky als ästhetisches Moment auf.

[6] Ramuz hat den Text 1923 bearbeitet, und dabei fiel die Einfügung der „Musik der dritten Szene“ in diesen Abschnitt der Erzählung weg.

[7] Dieser Abschnitt kam erst in der Bearbeitung von 1923 hinzu.

[8] Die Taschenpartitur des Werks (siehe Literatur-Verzeichnis) ist nur mit Ziffern versehen. Um die Analyse verfolgen zu können, ist es unerläßlich, zuerst die Taktzählung in die Partitur einzutragen. Zwischen Klavierauszug und Partitur bestehen an drei Stellen Differenzen: im „Kleinen Konzert“ Takt 70–71, im

„Großen Choral" Takt 14, 21 und 26, sowie im „Triumphmarsch des Teufels" Takt 41.

9 Die verkürzte Bezeichnung anstelle von: nach Moll gefärbter C-Tonalität sei hier gestattet.

10 aus den „Steyrischen Tänzen" op. 165 und aus der „Schönbrunnerin" op. 200.

Literaturverzeichnis

1. *Ausgaben*

Igor Strawinsky, Histoire du Soldat
a) Taschenpartitur
b) Klavierauszug
c) Suite für Violine, Klarinette und Klavier
J & W Chester, Ltd. London

C.F. Ramuz – I. Strawinsky, L'histoire du soldat – Die Geschichte vom Soldaten (Textübertragung von H.R. Hilty und E. Holliger) Die Quadrat-Bücher 17, St. Gallen, 1961

2. *Quellen*

C.F. Ramuz, Erinnerungen an Igor Strawinsky, Berlin und Frankfurt o.J.

C.F. Ramuz, Lettres I, II, Les Chantres, Etoy, 1956–59 (Bd. I, S.35–37: Ernest Ansermet, La naissance de L'histoire du Soldat)

C.F. Ramuz, Tagebuch, Zürich, 1950

Igor Strawinsky, Leben und Werk, Mainz, 1957

Igor Strawinsky, Gespräche mit Robert Craft, Zürich, 1961

Igor Strawinsky mit Robert Craft, Erinnerungen und Gespräche, Frankfurt, 1972

3. *Gesamtdarstellungen*

H. Fleischer, Strawinsky, Berlin, 1931

E.W. White, Strawinsky, London, 1966 (grundlegend)

4. *Zur „Geschichte vom Soldaten"*

N. Belser, Wege und Wegmetaphern bei Charles-Ferdinand Ramuz, Zürich, 1974

V. Cholopova, Russische Quellen der Rhythmik Strawinskys in: Die Musikforschung XXVII, 1974, S.435ff

J. Engelhardt und D. Stern, Verfremdung und Parodie bei Strawinsky, in: Melos/NZ 1977, S.104 ff

J. Hunkemöller, Igor Strawinskys Jazz-Porträt, in: Archiv für Musikwissenschaft XXIX, 1972, S.45ff

H.R. Kunz, Dichtung und Kunst in der Theorie Jean Cocteaus, Heidelberg, 1970

H. Lindlar, Igor Strawinskys sakraler Gesang, Regensburg, 1957

K. Reinhardt, Igor Strawinskys Konzertsuite nach der Geschichte vom Soldaten, in: Musik und Bildung, 1971, S.548

H. Scherchen, Lehrbuch des Dirigierens (S.301 ff), Mainz, 1929

H. Scherchen, Konzentration statt Expansion, in: Gravesaner Blätter IX, 1957, S.8ff

K. Schumann, Der Antiliterat und die Literatur, in: Musik der Zeit, Neue Folge Heft 1, 1958, S.50ff

M. Trapp, Studien zu Strawinskys „Geschichte vom Soldaten“, Regensburg, 1978

E.L. Waeltner, Strawinskys musikgeschichtliche Vorstellungen, in: Zwischen Tradition und Fortschritt, hrg. von R. Stephan, Mainz, 1973, S.112ff

U. Weisstein, Cocteau, Stravinsky, Brecht, and the birth of epic opera, in: Modern Drama, 1962, S.142ff

Leider konnte der Aufsatz von Robert Craft, Histoire du Soldat, in: The Musical Quarterly LXVI, 1980, S.321ff nicht mehr berücksichtigt werden.

C 2

Tafel-Beispiel VI

Kleiner Choral – Großer Choral

Tafel-Beispiel VII

Triumphmarsch des Teufels

Tafel-Beispiel I

Marsch des Soldaten

A

B 1

B 2

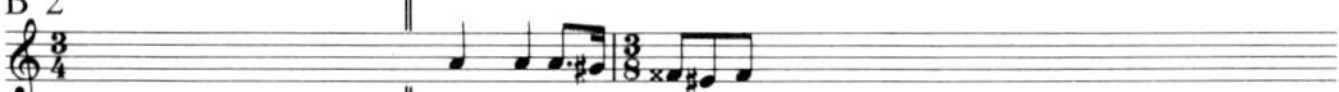

B 3

B 4

B 5

C

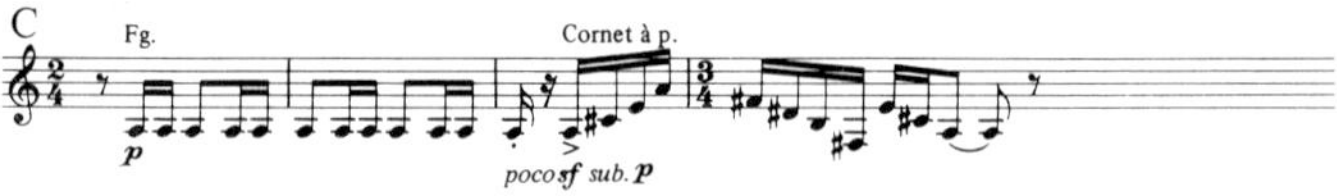

Tafel-Beispiel II

Musik der ersten Szene

A

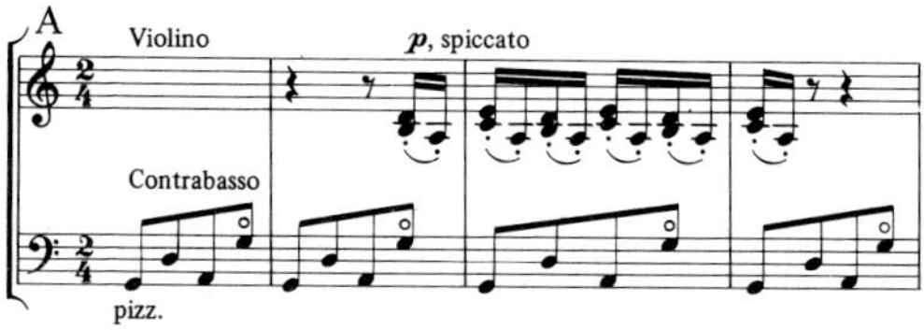

B 1

B 2

C

Tafel-Beispiel III

Musik der zweiten Szene

A 1

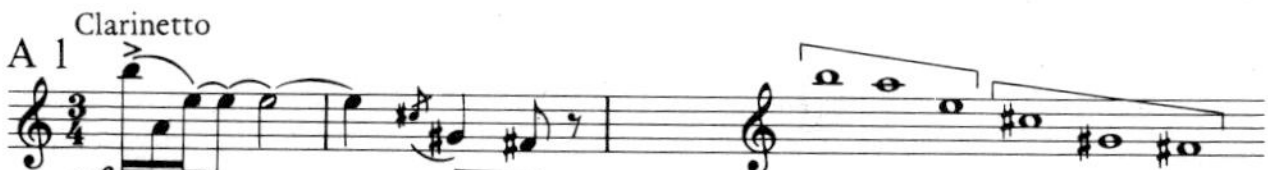

B

C

Tafel-Beispiel IV

Königsmarsch

A

B

C

D

E

Tafel-Beispiel V

Drei Tänze

A

B 1

C 1